Werner A.H. Ensinger

Kirchenbaumeister
Ulrich von Ensingen und seine Nachfahren

Werner A.H. Ensinger

Kirchenbaumeister

Ulrich von Ensingen und seine Nachfahren

1350 - 2016

Rediroma-Verlag

Bibliografische Information der Deutschen Nationalbibliothek:
Die Deutsche Nationalbibliothek verzeichnet diese Publikation in der Deutschen Nationalbibliografie; detaillierte bibliografische Daten sind im Internet über http://portal.dnb.de abrufbar.

ISBN 978-3-96103-727-8

www.rediroma-verlag.de
10,95 Euro (D)

Wappen von Ulrich in Strassburg

10. Februar 2019
600. Todestag

Werner A. H. Ensinger
97996 Niederstetten, Fichtenweg 5

Zweite erweiterte Ausgabe

Vorwort

Das vorliegende Werk ist bewusst ein Erzählen und Aufarbeiten von geschichtlichen, familiären Zusammenhängen der Kirchenbaumeister und deren Nachkommen. Der Ursprung ist Ulrich von Ensingen, 1350-1419, seines Zeichens Kirchenbaumeister an verschiedenen Bauwerken.

Es sind dies: Frauenkirche Esslingen / Ulmer Münster / Straßburger Münster / Berner Münster / Basler Münster / Konstanzer Münster und andere Orte, an denen auch alle seine Kinder als Kirchenbaumeister und Steinmetze Ensinger tätig waren.

Zusammengestellt wurde diese Geschichte aus verschiedenen Berichten, Büchern und Veröffentlichungen, u.a. Internet, sowie Ausschnitte aus den Heimatbüchern Nürtingen 1953, Oberensingen 2011. Weitere Quellen stammen aus Stadtarchiven und Bibliotheken, in denen über die Kirchenbaumeister nachzulesen ist. Viele Experten und Interessenten haben sich mit der Geschichte des Kirchenbaues von 1300 bis in die Gegenwart befasst, werden sich auch weiterhin damit beschäftigen und darüber berichten.

Bewusst wird auf ein Quellenverzeichnis verzichtet. Die Kirchen und Münster sind auch für die Zukunft bleibende Denkmale und Orte des christlichen Glaubens.

In den folgenden Ausführungen sind nur die wichtigsten Ereignisse von Ulrich und seinen Nachkommen aufgeführt. Es ist die Absicht, die Nachkommen bis heute lückenlos darzustellen und dem Leser eine verständliche, wenn auch mit Zahlen versehene Lektüre zu bieten.

Inhaltsverzeichnis

1 Ulrich Ensinger **11**

2 Ulrichs Kinder **25**

2.1 Anna 25

2.2 Ursula I 26

2.3 Caspar 27

2.4 Matthäus I 27

2.5 Matthias 38

3 Nachfahren von Matthäus I **40**

3.1 Vincenz 40

3.2 Ursula II 44

3.3 Anthony I 44

3.4 Margret I 44

3.5 Moritz I 45

3.6 Matthäus II 48

4 Nachfahren von Matthäus II **48**

4.1 Matthäus III 48

4.2 Anthony II 51

5 Nachfahren von Matthäus III **52**

5.1 Hans 1 52

5.2 Tochter NN von Matthäus III und Barbara Strölin. 59

6 Veltin I..HL (Hauptlinie) **59**

7 Veltin II jr. Nebenlinie 1 **63**

8 Hans 2 (Zwilling zu Walburga) NL (Nebenlinie) **65**

9 Diepold 2 HL **66**

10 Johann Jakob I HL **66**

11 Johann Conrad HL **68**

12 Johann Georg I HL **70**

13 Johann Georg II..HL **72**

14 Johann Georg III..HL **74**

15 Lorenz August I..HL **79**

16 Lorenz August II..HL **83**

17 te Generation nach Ulrich **87**

Anhang

1) Ahnentafel Ulrich bis Veltin I
2) Gliederung Ulrich bis Erik-Veltin IV
3) Direkte Nachfahren (Hauptlinie)
4) Ulm, Vollendung des Münsterturmes 1890
5) Ulm, Münsterturmjubiläum 31.5.2015
6) Ulm 600 ter Todestag von Ulrich

Zweite erweiterte Ausgabe

In der ersten Ausgabe aus Mai 2014 ist ein Hinweis, dass neue Erkenntnisse über Personen und Daten nach einer Überprüfung den Fakten entsprechend in einer zweiten Auflage eingearbeitet werden. Dies ist hiermit geschehen.

Das Turmjubiläum des Ulmer Münsters am 31. Mai 2015 war der erste Anlass für einige Ensinger Nachkommen, sich mit dem Verfasser in Verbindung zu setzen. So entstanden weitere wichtige Hinweise und Richtigstellungen von Daten. Der Verfasser bedankt sich für diese Zusammenarbeit herzlich.

Sollten in der zweiten Auflage auch noch Änderungen notwendig werden, so gilt schon im Voraus ein Danke dem Übermittler. Bei der großen Anzahl und der weitverzweigten Ensinger-Familie ist dies nicht verwunderlich.

Ahnenforschung ist eben eine ständige Aufgabe. Aber es macht Spaß, in der Vergangenheit zu wühlen, auch dann, wenn die Ergebnisse der Vorfahren nicht immer unseren heutigen Vorstellungen entsprechen.

Oktober 2019

Einleitung

Diese Ahnenforschung entstand rein zufällig. Die zusammengetragenen und recherchierten Fakten sowie die daraus gezogenen Schlüsse erheben nicht den Anspruch auf Vollkommenheit.
Bei meinem Sohn Matthias bedanke ich mich für die Unterstützung, der Gestaltung dieser Ahnenforschung.
Ich hatte immer Interesse, meine Vorfahren kennenzulernen. Es begann bei meinem „Ähne“, dem Großvater väterlicherseits. Allerdings hatte ich erst im Rentenalter die Zeit nachzuforschen, Ereignisse zu bewerten und schließlich niederzuschreiben.
Es war im Jahre 1994, als ich Rentner wurde. Von da an habe ich mich zuerst mit den Vorfahren aus dem 14. Jahrhundert beschäftigt. Mein Vater hat immer, als ich noch ein Kind war, erzählt und darauf hingewiesen, dass ein Ulrich von Ensingen das Ulmer Münster gebaut hätte. Da ich zeichnen konnte und Interesse an solchen Bauwerken hatte, wuchs in mir der Wunsch, diese Kirche kennenzulernen. Als wir einmal am Blautopf in Blauberen waren, machten wir einen Abstecher zum Ulmer Münster. Es ist schon beeindruckend, welche Ausmaße das Ulmer Münster hat und welche Gedanken sich in dem kleinen Kopf eines Kindes formen, wenn es davor steht. So ist in mir später wahrscheinlich der Wunschgedanke entstanden, Architekt zu werden. Was ich wurde, und wie mein Leben verlaufen ist, ist in meiner Biografie „Leben und Erfahrungen eines 85 jährigen Schwaben“ nachzulesen.
Nun aber zu den Baumeistern.

Ulrich Ensinger

Im Jahre 1350 begann der Lebensweg von Ulrich von Ensingen. Welche Zeitgeschichte er auslöste, konnte er nicht ahnen. Seine Kindheit verlief in dieser Zeit genauso wie bei anderen Kindern.
1344 ist eine Agnes aus Oberensingen in den Steuerbüchern der Frauenkirche von Esslingen registriert. Sehr wahrscheinlich seine Mutter. Sein Zuhause war mehr die Straße oder das Gelände, wo sich auch andere Kinder tummelten, wenn sie nicht mit zur Arbeit der Eltern herangezogen wurden. Der Name seines Vaters könnte Syfrit sein. Die Daten und Ereignisse dieser Zeit um die Jahre 1375 bis 1380 lassen diese Vermutung zu. Von ihm und seiner Mutter hat Ulrich das vererbt bekommen, was man später „Gene“ nennen sollte. Aus der Sicht des 21. Jahrhundert kann man sagen: Es ist ein gesunder Menschenschlag. Wenn auch zwischen 1350 und 2000 verschiedene Frauen der Familien Ensinger die dominierende Männerwelt mit beeinflusst haben. Dies zeigt auch die zum Teil große Kinderzahl in den Familien, die in dieser Zeit gelebt haben. In einem Fall überlebten von zwölf geborenen Kindern nur fünf Kinder.
Geboren wurde Ulrich in Oberensingen. Dies ist ein Ort im Landkreis Esslingen a/N. Hatte er Geschwister? Es ist nicht erwiesen oder bekannt, dass er welche hatte. Zwei Brüder und deren Vater, Syfrit von Ensingen, waren 1362 bis 1365 als Gastarbeiter (Ausbürger) im Archiv der Stadt Esslingen vermerkt. Ihre Namen und Herkunft hatten sie wie bei Ulrich auch von dem Ort Oberensingen.
Die Namen waren Hermann und Bertold von Ensingen. Deren Vater Syfrit war Murer. Der Hermann arbeitete als Steinmetz nachweislich von 1366 bis 1390 in Esslingen. Berthold kaufte einen Weinberg in Mettingen für 50 Pfund weniger 10 Schilling pro Morgen und ist von Conrad Nallinger, Richter zu Esslingen, am 16.7.1371 beurkundet. Ist der Syfrit, wie schon angesprochen,

etwa der Vater von Ulrich und sind Hermann sowie Berthold die Brüder von Ulrich? Es ist eine starke Annahme.

Seine Kindheit bis zum zwölften Lebensjahr verbrachte Ulrich wie viele Kinder in dem Ort Oberensingen. Sobald es die körperliche Kraft erlaubte, wurde er in den täglichen Haushalt mit eingebunden. Er war groß gewachsen, seine körperlichen Kräfte nahmen zu, und er verdingte sich zunehmend im Steinbruch. So wurde der Haushalt entlastet. In dem Ort Oberensingen gab es Sandsteinbrüche. Die gebrochenen Steine und Quader wurden zum Bau der Frauenkirche in Esslingen verwendet. Wie viele Arbeiter in den Steinbrüchen tätig waren. ist nicht mehr nachzuvollziehen. Oberensingen hatte im Jahre 1397 rund 13 Steinbrüche.

Die Entfernung von Oberensingen nach Esslingen beträgt nur ca. 15 km. Der Weg für einen Transport der gebrochenen Steine entlang des Neckars ist fast eben, konnte aber vermutlich nicht begangen werden. Der Neckar war zu dieser Zeit auch noch nicht als Wasserstraße nutzbar. Wie aus den weiteren Nachforschungen zu entnehmen ist, gab es einen „Esslinger Weg“. Auf ihm wurden vermutlich die Quader mit Ochsengespannen transportiert. Er führte von Oberensingen durch das Sauhag nach Denkendorf. Vorbei am dortigen Kloster. Weiter nach Berkheim und in Richtung Hammerschiede nach Eßlingen, dann über die heute noch befahrbare Brücke über den Neckar. Dieser „Eßlinger Weg“ wurde im zwanzigsten Jahrhundert noch begangen. Der Jakobsweg führte hier teilweise entlang.

Ulrich war neugierig. Er wollte wissen, was aus den gebrochenen Steinen und Quadern gemacht wurde. Wie sie behauen oder verändert wurden. Welche Gestalt nahmen sie an? Wo wurden sie eingesetzt und zu welchem Zweck? Er lernte lesen und schreiben. Wer ihn unterrichtete oder von wem er dies erlernte, ist nicht bekannt. Ulrich lernte schnell und konnte auch gut zeichnen. Körperliche Darstellungen flossen nur so aus seiner Hand. Bald konnte er im Steinbruch als Gehilfe bei den Steinmetzen arbeiten. Überhaupt war die Kinderarbeit in der damaligen Zeit normal. Sein Interesse an seiner Umgebung wuchs. Und so machte er eine Lehre als Steinmetz.

Mit zwölf Jahren war Ulrich in Esslingen. Es war das Jahr 1362. An der Frauenkirche arbeiteten viele Männer, aber auch Frauen und Jugendliche. Er war nicht der einzige Lehrling im Steinmetzhandwerk. Das Handwerkzeug waren Meißel und Hammer. Oft genug verfehlte der Hammer den Kopf des Meißels, und die Folge war, dass die Hand schmerzte. Eine Schutzbrille gab es auch nicht. Wie viele Augenverletzungen bei dieser Tätigkeit entstanden, ist nicht bekannt. Er kam mit einem blauen Auge davon. Seine körperlichen Kräfte nahmen weiter zu und bald konnte er wie junge Steinmetze arbeiten. Das Handwerk erlernte er von Grund auf. Auch bemühte er sich sehr früh darum „das Reißen" zu erlernen, das Zeichnen, wie die Quader und Steine zu hauen sind. Dazu wurde eine Art Zirkel verwendet. Dies ist auch ein Symbol der Steinmetze. So war Ulrich 1365 am Beginn des dritten Lehrjahres, was in den Steuerlisten der Stadt Esslingen nachlesbar ist. Die Lehre sollte aber noch weitere drei Jahre dauern. In dieser Zeit lernte er auch andere Menschen kennen. Wer war sein Lehrmeister? Etwa Peter Parler oder Heinrich?

Die Arbeit nahm Ulrich immer mehr in Anspruch. So war er bestrebt, eine gute Gesellenprüfung abzulegen. Für Mädchen hatte er keine oder wenig Zeit. Der Verdienst war auch nicht üppig. Er konnte aber davon leben. Und wenn er etwas übrig hatte, so unterstützte er seine Mutter. 1367 war die Lehre zu Ende. Ulrich war fortan „Murer-Geselle".

Der Verdienst war jetzt gut. Die Steinmetze verdienten mehr als die anderen Handwerker. Seine Arbeiten wurden anerkannt und so erarbeitete er sich einen Namen. Er stellte fest, dass er auf dem richtigen Weg war, seine Visionen, die er schon in der Jugend hatte, zu verwirklichen, nämlich hohe Kirchtürme zu bauen.

Jetzt folgten einige Jahre der Wanderschaft. Mit Peter Parler arbeitete er unter anderem an der Heiligkreuz Kirche in Schwäbisch Gmünd und am Veitsdom in Prag.

1369-1370 kehrten beide zusammen nach Esslingen zurück. Diese Wanderschaft wurde immer zu Pferde gemacht. Eine Kutsche leisteten sie sich selten. Die Unterkünfte waren teils gut, teils auch räuberisch. Die Taler und Goldstücke nähten sie in die Unterhosen oder in Hemden ein. Eine Reise machte er selten alleine. Ein Partner war fast immer dabei.

Als Ulrich wieder in Esslingen ankam, war er 20 Jahre alt. Sein Handwerk als Steinmetz war die Grundlage für eine gute Zukunft. Er wollte aber mehr. Wollte seine Vorstellungen verwirklichen, so, wie er dies in seinen Aufzeichnungen skizziert hatte. Gesehen hat er sehr viel, und wie es gemacht wird, auch. So musste er sich noch das schon bezeichnete „Reißen“ aneignen. Dazu gehörte auch das Anfertigen von Schablonen. Diese Arbeiten werden in der Ebene, also zweidimensional dargestellt. Da er die Fähigkeit besaß, in drei Dimensionen zu denken, machte er schnell Fortschritte. Und seine Arbeiten wurden anerkannt. Erlernt hat er auch die Bildhauerei. Auch dies machte ihm Spaß.

Nach deutschem Steinmetzbrauch war jeder, der fünf Jahre gelernt hatte und Geselle war, auch berechtigt, sein Handwerk selbstständig auszuüben. War er dann noch zwei Jahre gewandert, so war er zunächst Meisterknecht. Die Meisterehren erhielt er später. Ein Meisterstück gab es erst ab dem 15. Jahrhundert.

Sein Zeichen als Steinmetz wurde ihm förmlich von seinem Meister verliehen. Es ähnelt sehr dem des Heinrich. Siehe Seite 29. Dieses Zeichen verblieb ihm sein Leben lang, welches er wie andere Steinmetze auch, nach einem entsprechenden Baufortschritt am Bau sichtbar angebracht hatte. Im Ulmer Münster sind deren vier Steinmetzzeichen sichtbar.

So kam die Zeit, dass er sagen konnte: „Ich suche mir eine Frau und heirate". Eine Familie kann er jetzt als Meisterknecht ernähren. Fortan nannte er sich Ulrich Ensinger.

A.W.Fr. Carstanjen erwähnt in seinem Buch eine eventuelle Verwandtschaft zu den Pragern. (Gmünder und Parler) Diese Stammtafel erwähnt eine Tochter des Johannes von Gmünd und deren zwei Brüder „Heinrich von Gmünd und Michael von Freiburg". Ob es diese Frau war, die Ulrich heiratete, oder eine andere aus der Gegend von Esslingen kann nicht nachvollzogen werden. Ich bin davon überzeugt, dass sie die erste Frau von Ulrich war. Fest steht aber, dass Ulrichs erste Tochter – **Anna** – **1385** geboren wurde. Heinrichs und Michaels Schwester – oder die andere aus Esslingen – ist in den Jahren 1359 bis 1364 geboren worden. Durch die berufliche Tätigkeit Ulrichs mit den Pragern ist es denkbar, dass Ulrich diese Tochter ehelichte. Auch die Zeitspanne und Rückkehr im Jahre 1370 nach Esslingen ist nachvollziehbar. Hatte Ulrich deshalb sein Zeichen, dieses „H", in Anlehnung einer Verwandtschaft zu Heinrich erhalten?
Ulrich war schon 33 Jahre alt, als er um das Jahr 1383 heiratete. Wenn es Heinrichs Schwester war, dann war diese ca. 19 bis 24 Jahre alt. Die erste Tochter Ulrichs ist 1385 geboren worden. Sie wurde **Anna** getauft. Schon ein Jahr später, **1386,** kam die zweite

Tochter **Ursula** zur Welt. Die Behausung der Familie war begrenzt. Enge und niedrige Stuben waren es. Steile Treppen erschwerten das Holen von frischem Wasser aus dem Brunnen

Für die Frau war der Tag mehr als anstrengend. Und als Ulrich abends nach Hause kam, müde, hungrig und durstig von der Arbeit über zehn Stunden, sank er müde in's Bett. Er träumte weiter von einem Kirchturm mit großer Höhe. Alle Pergamentrollen, die er bekommen konnte, verwahrte er, um seine Gedanken zu zeichnen und festzuhalten.

1388 wurde der erste Sohn **Caspar** in Esslingen geboren. Die Freude war groß über den Stammhalter. Sie waren jetzt eine große Familie. Das Einkommen war gut. Seine Frau konnte gut wirtschaften. So war die Zukunft abgesichert.

Zwischen **1382** und **1389** war Ulrich mehrmals in Ulm tätig. In den Steuerlisten ist dies nachzulesen. Die Ratsherren von Ulm kannten seinen Namen – **Ulrich von Ensingen** – schon. Der Ruf eines fachlich guten Steinmetzes und Baumeisters eilte ihm voraus. **1389** wurde er an der Frauenkirche Esslingen der Nachfolger von Baumeister Heinrich eingesetzt. In dieser Zeit erhielt er auch die Meisterehren.

Und spätestens **1390** war er dort Bauleiter. Zwischen Esslingen und Ulm musste Ulrich ständig reisen. Wie viele Pferde er wohl geritten hatte? Waren doch ca. 80 km zurückzulegen. Schon zu dieser Zeit gab es die Pendler zwischen zwei Arbeitsstellen. Die Arbeiten in Ulm nahmen zu, und so kam es, dass **1390** die Familie nach Ulm übersiedelte. Noch im gleichen Jahr wurde der zweite Sohn **Matthäus** geboren. Am 17. Juni **1392** ist Ulrich in Ulm auf fünf Jahre als Münsterwerkmeister angestellt worden.

Im Jahre **1391** wird eine Berufung nach Mailand erwogen. Eine Baudeputation von drei bis vier Monaten hatte er den Mailändern angeboten, für 24 Gulden vom Tag seiner Abreise an. Am 12. Mai 1394 erst beschlossen die Mailander dem *„magistro Ulricho de Ulma inzignerio“* zustimmend zu antworten.
Am 23. Oktober **1394** reiste Ulrich von Ulm ab. Ihn begleiteten ein oder zwei Knechte. Sie ritten über die Alpen der Schweiz und trafen nach 13 Tagen am 04. November in Mailand ein.
Bald bekam auch er, wie zuvor Heinrich von Gmünd, Streit mit den Bauherren. Er lässt sagen, dass er das große Fenster am Dom und die Kapitäle der Pfeiler nicht den bestehenden anderen gleichmachen könne, sondern in Höhe und Maß ändern wolle.

Der Herzog Galeazzo Visconti hatte die obere Bauleitung für den Mailänder Dom einer 80köpfigen Körperschaft aus der Bevölkerung übertragen. Viel Köpf, viel Sinn. Da war natürlich ein Auskommen nicht möglich. Und erst recht nicht mit einem Charakter und Schwaben wie Ulrich von Ensingen. Und da die Bauherren durchaus nicht auf Ulrichs Vorschläge eingingen, ließ er sich lieber am Donnerstag 25. März **1395** den Abschied erteilen. Am 28. März wurde abgerechnet. Am 13. April wurde ihm eine Urkunde ausgestellt. Nach Ablauf der viermonatigen Frist konnte er ungehindert reisen.

In der Zeit um das Jahr **1395** ist Ulrichs 1. Frau gestorben. Die älteste Tochter Anna war gerade mal zehn Jahre alt, Ursula neun Jahre, Caspar sieben Jahre und Matthäus fünf Jahre alt. Ein Baumeister mit vier kleinen Kindern? Wie kann dies in der Zeit um 1400 gehen? Wohl nicht lange. So sah sich Ulrich gezwungen, eine zweite Frau zu ehelichen. Er fand sie in der Stadt Esslingen. Ihr Name war **N.N. Glaser**, Tochter von Zunftmeister Hans Glaser.

Gehen wir den Notizen im Heimatbuch von Oberensingen nach und versuchen wir zu rekonstruieren: Darin ist auf Seite 38-39 das Wort „filiaster" mit dem Vermerk zu lesen, dass Ulrich der Stiefsohn von Hans Glaser ist. Wenn beide oder einer der Begriffe zutreffend sind, dann hatte Ulrichs Mutter „Agnes" Hans Glaser diesen in zweiter Ehe geheiratet. Und Ulrich demnach seine Stiefschwester im Jahre **1396** geheiratet. Diese N.N. Glaser ist laut amtlicher Bestätigung im Archiv Esslingen im Jahre **1371** in Esslingen geboren. Es ist somit auch widerlegt, dass die erste Frau von Ulrich die „Glaser" war. Eingangs wurde erwähnt und vermutet, dass Ulrichs Vater der Syfrit sein könnte. Einen Beleg dafür haben wir noch nicht.

1396 wurde Ulrichs dritter Sohn Matthias in Ulm geboren. Er war das fünfte Kind Ulrichs und seiner zweiten Frau, geborene Glaser. Ulrichs Arbeit konnte nach dieser Heirat ohne nennenswerten Zeitverlust durch Kinderhüten oder dergleichen fortgesetzt werden. Der Turm nahm Gestalt an.

Im Buch *„Architektur der Gothik, Ulm und Donauraum"* ist die Arbeit Ulrichs gewürdigt. Auf Seite 28 lesen wir: *„Der Ulmer Münsterbau gilt zunächst in seinen Grundzügen als das Werk Ulrichs von Ensingen etc."*. Weitere den Bau des Ulmer Münsters betreffende Arbeiten sind in Veröffentlichungen nachzulesen. Ulrich war jetzt weit über die Grenzen hinaus bekannt.

Auszug aus http://www.uve.schule.ulm.de/muenst1.html
Die Frage taucht oft auf, wer baute eigentlich „Unser herrliches Ulmer Münster?" Sie ist, wenn man gewissenhaft sein will, gar nicht leicht zu beantworten. Aber eines können wir mit Sicherheit sagen. Einer, wenn nicht überhaupt der bedeutendste Münster-Baumeister war Ulrich von Ensingen. Meister Ulrich gebührt das Verdienst, den Bau in den heutigen Formen und Größenverhält-

nissen erweitert zu haben. Von ihm stammt das Geniale, Überragende des Bauwerks.

„Die himmelsstürmende Linie.“

xxx

Im Jahre **1384** ist im Straßburger Münster ein großer Brand ausgebrochen. Es wurde des Dach des Langhauses völlig zerstört. Zu dieser Zeit war Michael von Freiburg am Münster tätig. (Siehe Seite 5 Verwandtschaftliche Beziehung?) Die Reparatur soll Michael von Freiburgs letzte Tätigkeit am Straßburger Münster gewesen sein. Danach wurde Claus von Lohre sein Nachfolger. Der genaue Zeitpunkt ist nicht bekannt.

1397 war ein furchtbarer Sturm in Straßburg. Es wurden ca. 400 Häuser zerstört. Auch das Münster wurde nicht verschont. Glockenturm samt Glöcklein mussten erneuert werden. Es gab aber noch weitere negative und kostspielige Auswirkungen für den Weiterbau des Münsters. So machen wir uns kundig, und zitieren weiter sinngemäss:
„Im Jahre 1399 sind abgesetzt worden, ein Schaffener, ein Kapplan, ein Werkmeister und zwei Pfleger vom Frauenhaus.“
Es wird vermutet, dass diese drei eine schlechte Verwaltung des Vermögens, Verschwendung und Begünstigungen der Anlass war, sie zu entlassen. Auch wurden sämtliche Kassenbeamten abgesetzt.
Straßburg benötigte dringend einen neuen Werkmeister.
So wurde Ulrich von Ensingen der Nachfolger von Claus von Lohre.

xxx

Am 31.Mai **1399** bekam Ulrich die Berufung nach Straßburg. Er nächtigte zunächst mit seinem Knecht in der Herberge Nesselbach. Danach übersiedelte auch der Rest der Familie nach Straßburg.
An dieser Stelle soll an einen Film von **„arte"** erinnert werden, der am 15. Dezember 2012 gesendet wurde: „Die Kathedrale" Baumeister des Straßburger Münsters. Erwin von Steinbach hatte einen maßgeblichen Anteil am Bau des Münsters. Er verstarb am 17. 1. 1318 in Straßburg.
Ulrich übernahm wie erwähnt 1399 das Zepter. Er führte das Werk von Erwin von Steinbach fort, gab aber der Turmlösung ein ganz anderes Gepräge. Lt. Carstanjen lesen wir auf Seite 60:

„So beginnt er also auf der Plattform, ohne jede organische Lösung der Strebepfeiler und unteren Massen, ein ganz selbständiges neues Werk, ein Oktogon, welches als schwindelnd hohe, achteckige, hohle Turmhalle die so schwierige Sicherung seiner Standfähigkeit bei der notwendigen Leichtigkeit seiner Konstruktion in überraschend genialer Weise empfangen hat.
Er steht jetzt auf der Höhe seines Könnens in vollständiger Beherrschung des Materials, der Formsprache und Technik."

Von Straßburg aus leitete Ulrich den Weiterbau der Frauenkirche in Esslingen, für die er im Jahre 1400 das Langhaus, die Westfassade und die Erdgeschosse des Turmes schuf. Und bis 1415 hatte er dort neben seiner Tätigkeit in Straßburg die Oberaufsicht. Den Weiterbau an der Frauenkirche übertrug er seinem Sohn Matthäus I, aber die Meisterschaft mit unsterblichem Ruhm blieb allein Ulrich von Ensingen vorbehalten.

xxx

1401-1402: Das freie Maurertum in Strassburg wurde hergestellt. Ulrich hatte einen wesentlichen Anteil daran. Er war ein gefragter Baumeister, der für seine Turmprojekte europaweit bekannt war. Und so trat er 1402 in die Öffentlichkeit. Ein Spruchbrief des Rates von Strassburg besagte, dass das Verhältnis von Steinmetzen zu Maurern neu geregelt werden soll. Ulrich fand, dass er gegenüber der früheren Werkmeister benachteiligt sei. Er konnte das alte, ihm von den Pflegern eigens verbriefte Vorrecht nicht mehr behaupten.
So einfach und schlicht er war, so stolz und trotzig war er. Er strebte keinen Sitz im Rat an, wohl aber nach dem, was von alters her seinem Stande zustand und von Rechtswegen ihm gehörte.

Seine Arbeiten wurden sehr gut bezahlt. Er war ein Spitzenverdiener unter den Baumeistern. Vom Rat der Stadt Basel wurde er im Jahre **1405** um Rat gefragt und gebeten, den Ausbau der Basler Münstertürme repräsentativ zu gestalten. Das Basler Münster war 1356 bei einem verheerenden Erdbeben stark beschädigt worden. Aufwendige Reparaturarbeiten und gleichzeitiges Aufstocken der Türme war für Ulrich Anlass, die Arbeiten sofort aufzunehmen. Er fertigte die Pläne für den Georgsturm 1406 und für den Martinsturm 1414 an.

1409-1410 erreichte ihn ein Brief des Markgrafen von Baden, in dem er um Unterstützung beim Wiederaufbau des Turms am abgebrannten Kloster in Pforzheim gebeten wurde. Ulrich kam der Bitte umgehend nach und fertigte die Pläne an. Zwischenzeitlich ging er auch wieder nach Ulm, wo er 1414 den Ausbau der Besserer Kapelle mitgestaltete.

1414-1415 hat er zwei Spruchbriefe erlassen, bezüglich des Straßburger Münsters.

1415 wurde der Bau des zweiten Turmgeschosses am Münster errichtet.
1417 übergab er die Bauleitung am Ulmer Münster seinem Schwiegersohn Hans Kun, dem Ehemann seiner Tochter Anna.
Es wird wohl der letzte Besuch in Ulm gewesen sein. So nahm er Abschied von seinem großen Werk und den seinen.
Mit seinem Knecht wird er auf dem Rückweg nach Strassburg die Frauenkirche in Esslingen noch einmal besucht haben. Auch seinen Geburtsort Oberensingen streifte er dabei. Er wusste, dass er diese Orte im Schwäbischen nicht mehr wiedersehen würde.
Ulrich nahm mit 67 Jahren Abschied. Welche Gefühle mochten ihn begleitet haben? Das Genie, das seine Werke nicht in deren Vollendung gesehen hat. Er blieb in seinem Charakter einfach und natürlich. Vielleicht war dies der Grund für seine geniale, zielstrebige Schaffenskraft.

Ulrichs zweite Frau, „Glaser", deren Vorname nicht bekannt ist, starb in Straßburg am 14. August 1418. Sie wurde 47 Jahre alt. Nur knapp sechs Monate später folgte ihr Ulrich. Er starb am **10. Februar 1419** ebenfalls in Strassburg.
An seinem 600. Todestag 2019 soll die Familie Ensinger in Ulm oder Straßburg seiner gedenken. Ist er doch der 20 fache Urgroßvater der noch lebenden Ensinger. (Siehe Anhang 8.)

xxx

Nach dem Tode von Ulrich übernahmen seine drei Söhne und sein Schwiegersohn Hans Kun und danach seine Enkel das Vermächtnis, „Kirchen und Türme zu bauen".
In fünf Generationen sind geniale Bauwerke entstanden, die heute noch Zeugnis davon ablegen, mit welcher Überzeugung, Genialität und Mut unsere Vorfahren gearbeitet haben.

J.S. Bachs Musik ist unübertroffen. Was hätten diese Baumeister darum gegeben, diese Musik in ihren Bauwerken zu hören? Sie ahnten wohl, welche Akustik und Erhabenheit bei solchen Klängen zum Ausdruck kommen. Hervorzuheben von den direkten Nachkommen ist jedoch **Matthäus I,** geboren **1390** in Ulm, gestorben **1463** in Ulm.

In Ulm ist eine direkt auf das Ulmer Münster zugehende Straße mit dem Namen „Ensinger“ bezeichnet. Die Stadt Nürtingen-Oberensingen hat Ulrich von Ensingen durch die Benennung einer Strasse mit seinem Namen gebührend gewürdigt. Diese Straße führt unmittelbar zu den Steinbrüchen. Hier hat Ulrich seine ersten Arbeiten im Brechen von Steinen und als Steinmetz verrichtet. 1397 hatte Oberensingen 13 Steinbrüche, 1475 waren es noch 12, und 1526 waren es lt. Lagerbuch Verzeichnis der Grundstücke nur noch 7 Steinbrüche. 2013 gibt es keinen Steinbruch mehr. In Bern ist ebenfalls eine Strasse nach den Kirchenbaumeistern „Ensinger“ benannt.

Ulrich von Ensingen im Ulmer Münster

Würdigung:

***Ulrich Ensinger** ist der Turmbaumeister der deutschen Hochgotik geworden. Keines seiner Werke hat er je fertig gesehen. Wenn irgendwo vom Sieg des menschlichen Geistes über die Schwere des Irdischen, Zeitlichen die Rede sein wird, so müssen seine Türme genannt werden. In ihnen ist die Horizontale und damit die Richtung der Zeit gleichsam herumgeworfen in die Vertikale, eine schlechthin erdentwurzelnde, zeitenreisende, himmelstürmende, Vertikale. Die deutsche Möglichkeit der Gotik auf den Parlern gründend, entwickelt zu haben, ist das Verdienst Ulrich Ensingers. Kommentar, Dr. Adolf Schahl.*

2 Ulrichs Kinder

2.1 Anna

Kommen wir zurück zu den Kindern, die Ulrich im Jahr 1419 hinterlassen hatte. Die Tochter **Anna** war **1385** geboren, arbeitete am Münsterbau in Ulm im Jahr 1417 und ist in den Steuerbüchern erwähnt. Sie heiratete Hans Kun, vermutlich in den Jahren um 1409 bis 1410. Hans Kun war im Jahr 1385 geboren und 1435 gestorben. 1410 wurde ihr Sohn Caspar Kun geboren, vor 1449 ist dieser gestorben. Ein weiterer Sohn Johannes ist bekannt. Seine Daten fehlen. Die Kuns hatten noch eine Tochter, die 1420 geboren wurde. Ihr Name ist auch nicht bekannt. Ein Kun aus Oberensingen wird 1358 in Esslingen erwähnt. Ist er der Vater von Hans Kun?

Hans Kun wurde erst als Nachfolger Ulrichs bekannt. Ab 1421 ist er in Basel als *„magister lapicida de ulme“* genannt. In den Akten des ehemaligen Dominikanerklosters in Basel ist ein Pergamentstück, auf welchem steht:

Anno 1423 feria quarto ante dominico (?) quasi usw. auf deutsch: 1423 am 4. Tag vor Sonntag Quasimodogeniti erkennt Meister Johannes, genannt Cun, Steinmetz von Ulm, Meister des Werks und der Baufabrik der Ulmer Pfarrkirche, gegenüber den abwesenden Brüdern des Predigerordens vom Haus Basel an, den Lohn, den man ihm aus Anlass der Erbauung eines steinernen Glockenturms und wegen anderer Dinge schuldete, bis zu diesem Tag erhalten zu haben.

Hans Kun arbeitete auch in Thann im Elsass. Vermutlich zusammen mit seinem Schwager Caspar. (Siehe 2.3) Weitere Tätigkeiten sind bekannt, z.B. in Süddeutschland in den Steinbrüchen bei

Stuttgart, Urach, Isny, Kempten und Uhingen. Auch das Kloster Heilbronn wird genannt.
Am Bau der St. Georgskirche in Nördlingen wird Hans Kun als Hanns der Kirchenmeister genannt. (Mayer, Die Stadt Nördlingen 1876 ff. S. 123 f.)

Ein Meisterzeichen von Hans Kun soll an der Kirche in Nördlingen beim Eingang zur Brauttüre in den oberen Ecken einer Nische zu sehen sein. (Klemm S. 59 – 61) Hans Kun nimmt seine Tochter nach dem Tode Annas 1428 mit nach Calw. 1429 erhält sie eine Weihnachtsverehrung. Hans Kun stirbt 1435.

1410 Caspar Kun wird in Ulm geboren (Sohn von Hans und Anna). Aus Klemm lesen wir folgendes auf Seite 61: Im Jahr 1429 war Caspar Kun Lehrjunge und Geselle bei seinem Vater Hans Kun. 1434 ist er Parlier, und ca. 1435 ist er in Kirchenmeister-Ehren, und Nachfolger von Hans Kun. Am 28. Okt. 1446 (Mittwoch vor S. Simon und Judastag) ist er in einer Urkunde als Kirchenmeister erwähnt. Er arbeitete in Ulm bis ca. 1446 am Langhaus, am Turm und anderen Einheiten. Den Abschluss der Arbeiten am Ausbau des Chores 1449 hat er nicht mehr erlebt. So nehmen wir an, dass er vor 1449 gestorben ist. Er war verheiratet und hatte zwei Kinder. Einen Sohn, **Konrad Kun** (Kuyn), der von 1445 bis 1469 in Ulm Nachfolger von Caspar Kun, seinem Vater, wurde. Und eine Tochter, hier fehlen alle Daten.

2.2 Ursula I

Ursula I wurde **1386** in Esslingen geboren. Sie ist auch als „Ursula Kirchenmeisterin“ in Ulm bezeichnet worden. Von ihrem Bruder Caspar erbte sie 1429 einen Betrag über 120 Gulden. Sie war verheiratet. Mit wem, ist nicht bekannt. Sie zog sich als Witwe zurück nach Weil in das Kloster bei Esslingen. 1430 ist sie als Konventfrau dort gestorben.

2.3 Caspar

Der erste Sohn Ulrichs ist **1388** in Esslingen geboren und 1429 in Ulm gestorben. Er hatte keine Nachkommen. Ob er verheiratet war, ist nicht bekannt. Er beginnt seine Lehre ca. 1400 bei seinem Vater in Straßburg. Die Familie war 1399 nach Straßburg umgezogen. Er war ca. zwölf Jahre alt. Nach fünf Lehrjahren und einem Gesellenjahr verließ er Straßburg.
Seine Wege führten ihn nach Thann im Elsass. Er arbeitete dort an der Theobaldskirche und hinterließ sein Gesellenzeichen an der Pforte, welche vom Chor in die Theobaldskapelle führt, sowie im Inneren der Sakristei und an mehreren Strebepfeilern des Altarhauses.

1427 erscheint er verschiedentlich in Hüttenrechnungen in Ulm. Dort arbeitet er unter seinem Schwager Hans Kun. Am Freitag vor *„sant gallen tag“* (vor dem 16. Oktober 1429) macht er sein Testament zu Gunsten seiner Schwester Ursula I, über 120 Gulden samt Zinsen. Bald darauf ist Caspar gestorben, denn am Freitag vor *„sant Gregory“* ist die Teilung der Erbschaft im Reinen.
Am 10.3.1430 testieren Matthäus I und Matthias das Erbe und nehmen es entgegen. Siehe späteren Prozess mit Dorothea Trogen (2. Ehefrau Matthäus I).

2.4 Matthäus I

Matthäus I wurde **1390** als zweiter Sohn Ulrichs in Ulm geboren. Er ist 1463 in Ulm gestorben. Seine fünf Lehrjahre verbrachte er in Straßburg bei seinem Vater. Es folgten mindestens zwei Jahre des Wanderns und Dienens < *umb kunst* >, eine Ausbildung, die sowohl die Reißtechnik als auch das Laubhauen und die Bildnerei umfasste. Nach der Ausbildung zum „Meisterknecht“ wurde ihm vom Vater 1410 die Meisterehre zuteil. Er war Steinmetz und Bildhauer sowie Konstrukteur und Statiker. In diese Zeit fällt der

Turmriss des Straßburger Münsters. So arbeitete er bis zum Tode seines Vaters im Jahr 1419 in Straßburg, zeitweilig auch in Ulm und Esslingen.

Die Oberbauleitung in Esslingen hat er wohl deshalb im gleichen Jahr bekommen, weil die Stadtväter von seinen Qualitäten und Fähigkeiten überzeugt waren. Seine Genialität als Baumeister brachte ihm Ruhm und Ehre im Raum zwischen Donau, Rhein und Rohne. Ebenso bei den Dynastien und Höfen der Savoyer in Ripaille und den Grafen von Freiburg in Neuenburg.

Nach dem Tode Ulrichs gab es, oder auch schon einige Zeit vorher, Differenzen mit den Stadtvätern von Strassburg, sodass eine Anstellung von Matthäus I in Straßburg nicht in Betracht gezogen wurde. 1420 war er noch in Straßburg, als er ein Angebot aus Bern erhielt.
Er nahm die Werkmeisterstelle zum Bau des Münsters in Bern an, und am 03. September 1420 wurden die ersten Steine beschafft. Ein Buch über Matthäus Ensinger, *„Der Münsterbaumeister"*, erschien im Benteli Verlag Bern.

1415 ca. heiratete **Matthäus I** eine Bernerin in **erster Ehe**. Wie es zu einer Begegnung dieser beiden kam, ist nicht bekannt. Ihr Name ist ebenso unbekannt. Es war die erste Ehe, aus der fünf Kinder hervorgehen.

Vincenz	**Ursula II**	**Anthony I**	**Margret I**	**Moritz I**
1422	1425	1427	ca.1428	1430

In welchem Jahr Matthäus' I erste Frau, die unbekannte Bernerin, geboren ist, ist nicht bekannt. Jedoch lässt sich ihr Todestag bestimmen. Sie ist vermutlich **1430** im Kindbett gestorben, dem Geburtsjahr von **Moritz I.**

Die **zweite Ehe** ging Matthäus I mit Dorothea Trogen aus Bern ein, genannt „Ensingerin.“ Es war das Jahr 1430 bis 1431. Die Trogen ist 1400 in Bern geboren. Der Todestag ist vermutlich das Jahr 1484. Aus dieser Ehe ging ein Sohn hervor, **Matthäus II**, der **1432** in Bern geboren ist.

xxx

Ulrich Ensinger hatte schon in den Jahren 1401/1402 das freie Maurertum in Straßburg wesentlich mit beeinflusst und durchgesetzt. Dass Ulrich sich mit diesen Problemen schon befasste, geht aus den Zeilen bei < *Klemm S. 57 (Württ. Baumeister)* hervor. So war es nur konsequent, und es liegt der Schluss nahe, dass sein Sohn Matthäus I in Bern dieselben Gedanken eines Zusammenschlusses der Steinmetze, Steinhauer, Maurer und Steinbrecher in einer Gesellschaft vereinigte. Die Zünfte-Gesellschaft zum Affen gibt es heute noch. Das Zunfthaus ist in der Kramgasse 5 in Bern.

Zeitungsausschnitt auszugsweise aus
„Das Berner Taschenbuch im Jahre1867“
Anfänge der Gesellschaft zum Affen in deren Gesellschaftshaus in der Kramgasse beginnen im 14. Jahrhundert. Der Zusammenschluss und Verbindung der Meister des Steinmetz-, Steinhauer-, Maurer- und Steinbrecherhandwerks war 1421. Die Gesellen zum Affen waren die eingewanderten Gesellen der Münsterbauhütte, die in der Herberge „zum Affen“ untergebracht waren. Sie sind wohl von Matthäus I herbeigezogen worden, da er zu seinem Werke im Kirchenbau geübter Leute bedurfte.

Das Wappen der Ensinger in Bern ähnelt sehr dem Steinmetzzeichen von Moritz I

Standbild der Affenzunft in Bern

1421 Am 11. März war die Grundsteinlegung des Berner Münsters. Seine ganze Kraft und sein ganzes Können setzte Matthäus I hier ein, was ihm Ruhm über die Grenzen hinweg einbrachte.

xxx

Das Grab der Grafen von Neuenburg zählt zu den Hauptwerken der mittelalterlichen Skulpturen in der Schweiz. Graf Ludwig ließ 1372, nach Errichten der Plattform, die Inschrift einritzen:

„In Gedächtnis der Seinen“ (d. h. ein Jahr vor seinem Tod)

1424 stirbt Graf Konrad von Neuenburg. Sein Sohn gab Matthäus I den Auftrag ein Kenotaph (Standbild) der Grafen von Neuenburg für die Kollegiatskirche zu entwerfen.

1424-1425 entstanden die polychromen Statuen der Grafen Conrad und Jean von Freiburg, die zu beiden Seiten des Monumentes stehen. An der rechten Seite ist die Darstellung von Rudolph von Hochberg, der Ende des 15. Jahrhunderts hinzugefügt worden ist.

1425 war Matthäus I für 38 Tage am Thuner See auf der Burg von Oberhofen. Welche Arbeiten er dort zu verrichten hatte, ist nicht bekannt.
Der Burgherr Herzog Amadeus VIII von Savoyen war ein großzügiger Auftraggeber. Schon 1422 erteilte er den Auftrag. *Notre-Dame de Ripaille* zu bauen. Es ist das Jagdschloss der Grafen von Savoyen, östlich von Thonon am Genfer See, im Delta der Dranse

1435 starb in Morges Manfred Saluzzo, Savoyens hochverdienter Marschall. Matthäus I erhielt den Auftrag, in Ripaille ein Grabmal zu errichten. 1436 wurde es vollendet. Es war ein Gelbguss (Bronce). Matthäus I wurde auch als Bombardengießer bezeichnet. Komplexe Sakralbauten bis zur Technik des Wehrbaus und gießen von Plastiken beherrschte er. *(Siehe auch Moritz I).*

Am 5. November 1439 wurde besagter Herzog Amadeus VIII vom Basler Konzil als <*Felix V*> zum Gegenpapst erhoben.

Mein Großvater Lorenz August Ensinger II hatte uns ein Familien-Wappen überliefert, mit dem Inhalt:

Ensinger von der Dompey
Abstammung aus einem Adelsgeschlecht des 14. Jahrhunderts aus dem Elsaß.

Für mich stellt sich die Frage: Besteht eine Verbindung zu den Grafen von Neuenburg oder zu denen von Savoyen, als Matthäus I zu dieser Zeit in dieser Gegend war und dort arbeitete? Oder auch zu Caspar, der in Thann an der Theobaldskirche zusammen mit seinem Schwager Kun arbeitete? Gibt es eine Verbindung Matthäus‘ I zu den Grafen?

Ca. 40 km westlich von Straßburg ist eine Kirche aus dem zwölften Jahrhundert. Ein romanisches, historisches Denkmal und Johannes dem Täufer geweiht. Sie ist in der Gemeinde „Dompaire“. Hier

ist heute ein größeres Weingut. Finden sich noch weitere Unterlagen?
Eine Nachforschung ist jedenfalls angebracht.

xxx

1420-1430 wirkte Matthäus I zusammen mit seinem Sohn Vincenze aus erster Ehe an der Frauenkirche in Esslingen. **1429** übernahm Matthäus I dann die Oberbauleitung, die er bis zu seinem Tode 1463 innehatte.
Am 10.3.1430 testiert Matthäus I und Matthias das Erbe von Caspar an seine Schwester Ursula I. Es ist der Auslöser eines Prozesses, der bis in das Jahr 1484 ging. Auslöserin war die Trogen (Ensingerin), die zweite Frau von Matthäus I.
1435 wurde **Matthäus I** in den Großen Rat der Stadt Bern aufgenommen. Er erwarb sich zu dieser Zeit in Bern Grundbesitz.

1433-1434 wirkte er am Basler Heiligspiegelaltar mit. Urkunde vom 20.01.1450. Es gab einen Rechtsstreit zwischen Matthäus Ansinger und dem Probst zu St. Leonhard/Basel. Matthäus wollte noch 200 Gulden. Sie einigten sich auf 100 Gulden. In Basel kostete ein Haus im Jahr 1450 stattliche 350 Gulden.

Folgende Urkunde ist von Interesse über den Wohlstand von Matthäus I. Es fehlen allerdings weitere Einzelheiten.
Hier der Text:

„In Interlaken beurkunden am 1.12. 1440 Peter von Hürnberg und Venner zu Bern dem Matthäus I, Werkmeister und Bürger zu Bern, die Bezahlung über Zins von 3 Pfund ab einem Teil des Gerzensees und ab Gütern daselbst an Hans (Johannes) von Schwarzenburg.“

1445 war die Berufung an die Nikolauskirche der Stadt Freiburg/CH: **1446** im August übersiedelte Matthäus I nach **Ulm.** Die Bauleitung hatte er dort bis 1451 inne.

1447/1448 war er in Bern, und 1447 auch in Luzern. **1450-1451** provisorische Anstellung in Strassburg, Abbruch wegen der Sprache.
1451 erhielt Matthäus I nach Ablauf eines fünfjährigen Vertrages in Ulm einen neuen Vertrag auf Lebenszeit. Sein Gehalt wurde mit 90 Gulden und einer freien Wohnung vereinbart. (in Bern bezog er 97 ½ Gulden).
In Bern behielt er den Werkmeistertitel de jure bis zum **24. Februar 1453.** De facto hatte er das Werk wahrscheinlich bis Ende 1449 betreut.

Im Jahr **1451** trennte sich Matthäus I von seiner Frau Dorothea (die Ensingerin) und lebte fortan alleine in Ulm bis zu seinem Tod 1463. Die Ensingerin blieb in Bern und heiratete nach 1463 den Stiefsohn Moritz I. Was und wie sie zwölf Jahre gelebt hatte, entzieht sich dem Verfasser dieser Zeilen.

Die Erbschaft Caspar an Ursula I beschäftigte die Trogen, seit sie 1431 Matthäus I heiratete. Sie konnte aber nichts unternehmen, solange dieser lebte. Ob die Trogen nach dessen Tod, 1463, und Heirat mit Moritz I schon prozessierte oder erst ab 1483, nach dessen Tod, ist nicht bekannt. Im Jahr 1484 heiratete sie den aus Ulm stammenden Niclaus Wyss. Dieser prozessierte auch noch nach dem Tod der Trogen 1484. Siehe Mortz I.

xxx

Steinmetzzeichen der Ensinger und verwandte Zeichen sind aus dem Buch Matthäus Ensinger, S. 23 von Luc Mojon.

Fig 1: Marken der Ensinger und verwandte Zeichen:

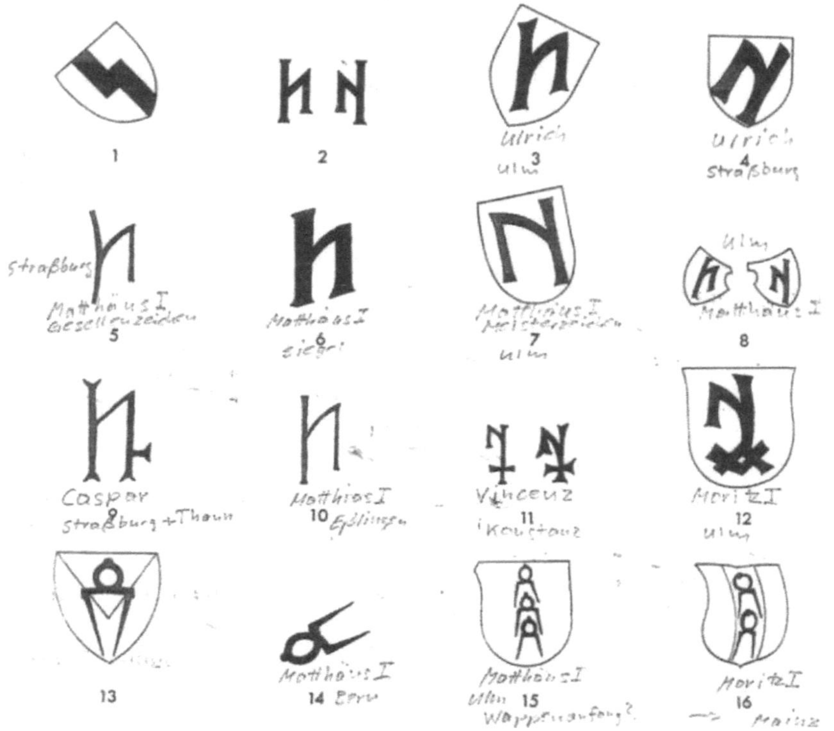

1. Schild am Perler Stein des Ulmer Münsters
2. Zeichen an den ältesten Teilen des Ulmer Münsters
3. Ulrich von Ensinger, Südturm des Ulmenr Müsters
4. Ulrich von Ensinger, Oktogon des Strassburger Münsters
5. Matthäus (?) Ensinger, Oktogon des Strassburger Münsters
6. Matthias Ensinger, Siegel
7. Matthäus Ensinger, östliche Stirnwadn des nördlicuhen Seitenschiffes des Ulmer Münsters
8. Matthäus Ensinger, St. Valentin
9. Caspar (?) Ensinger, Oktogon des Strassburger Münsters und Altarraum von St. Theobald zu Thann

10. Matthias (?) Ensinger, Oktogon des Strassburger Münsters und Turm der Frauenkirche zu Esslingen
11. Vizcenz Ensinger, Münster zu Konstanz
12. Moritz (I) Ensinger, Hochschiff des Ulmenr Münsters
13. Matthias von Arras, Triforiengalerie im St. Veits-Dom zu Prag
14. Mattäus Ensinger, südliches Westportal des Berner Münsters
15. Matthäas Ensinger, Wanddenkmal im Ulmer Münster
16. Moritz (I) Ensinger, Bildnis in der Städtlscihen Galerie zu Mainz
17. Hans Ensinger am Gasthof Adler in Oberjesingen >>

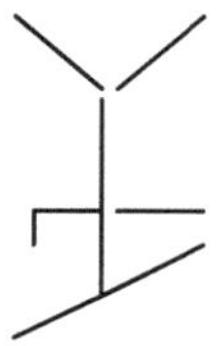

Weiter mit **Matthäus I**. Er war Architekt an der Kollegiatskirche in Niederhasslach/Elsass. An einem Portal der Nordseite des Berner Münsters ist ein Standbild von Matthias I. Ein Gedenkstein von **1463** ist mit Meisterwappen und Brustbildnis an der Ostwand des nördlichen Seitenschiffes in Ulm. Es soll da stehen: **„machsna“** was soviel heißt wie: **„mach‘s nach, wenn du‘s kannst“**.

Im nördlichen Seitenschiff des Ulmer Münsters ist ein Wappenschild mit Brustbild von ihm. Nach des Meisters Tod führte Moritz I den Bau in der 3. Generation fort. Siehe Buch:
„ Der Münsterbaumeister“, Benteli Verlag, von Luc Mojon, 1967.

Nun waren schon zwei Söhne und ein Schwiegersohn von Ulrich als Baumeister tätig. Sie festigten den ihnen vorauseilenden guten Ruf Ulrichs und hatten so naturgemäß anderen Baumeistern gegenüber, sagen wir, einen leichten Vorsprung. Dies wird sich sicherlich auch auf die Bezahlung ausgewirkt haben. Bevor wir die Söhne und Töchter von Matthäus I behandeln, soll noch der dritte Sohn Ulrichs, Matthias, beschrieben werden.

2.5 Matthias

Matthias ist **1396** in Ulm geboren worden. Er stammt aus der zweiten Ehe Ulrichs mit der „Glaser“ aus Esslingen. Als die Familie 1399nach Straßburg umzog, war dieser Knabe gerade mal drei Jahre alt. Es wird angenommen, dass er die gleiche Lehre genoss wie seine zwei Brüder. So könnte Matthias mit zwölf Jahren die Lehre bei seinem Vater 1408-1409 begonnen haben. Geben wir weitere fünf Jahre bis 1414 hinzu, dann hat er als Geselle zuerst in Straßburg, dann in Esslingen und Ulm gearbeitet.

Da sein Vater, der Ulrich, und auch sein Bruder Matthäus I fast ständig im süddeutschen Raum tätig waren, kann man sich vorstellen, dass diese Spezialisten des Kirchenbaus wenigstens teilweise die Reisen zu ihren Arbeitsstellen gemeinsam angetreten hatten. Eine wunderbare familiäre Gemeinschaft.

(Kommt daher unser Interesse an der Natur? Zu wandern und in die Berge zu gehen? Mein Großvater wanderte noch mit 80 Jahren von Nellingen a/F. auf die Alb-Neuffen, und zurück. An einem Tag. Die einfache Strecke misst ca. 20 km.)

Matthias arbeitete **1427-1430**, also mit 31 Jahren, in Ulm unter seinem Schwager Hans Kun. Und erscheint auch in den Hütten-Rechnungen in Esslingen als Mathis von Ensingen.
Sein Bruder Matthäus I quittierte 1430 in Eßlingen, für die erbrachten Leistungen an der Frauenkirche, für sich und seinen *„lieben Bruder Mathias Kirchenmeister“*. Ob Matthias in Bern gearbeitet hat, ist nicht bekannt.

1423-1436 ist Hans Hülin Parlier von Matthäus I an der Frauenkirche in Esslingen. 1436 stirbt Hans Hülin jung. Jetzt wird der Bruder Matthias Ensinger sein Nachfolger und an der Frauenkirche Esslingen angestellt.

Matthias wird sogleich lt. Steuerlisten mit der Witwe Hülin verheiratet. Somit ist die „Anna Eckellerin identisch mit der Hülin." *(Aus Buch Seite 65 Esslinger Frauenkirche).*

Es stellt sich die Frage: Wie lange lebte die Eckelerin in Esslingen?

xxx

Aus dem Stadtarchiv Esslingen lesen wir:
„Aus dem Bestand Katharinhospital F41 ist beurkundet:
Zeuge: Rüdiger Kurm und Zeuge mit Richtersiegel:
„1438 November 10.:
Adelheid Schäpplin, Peter Ringstrengs Witwe, Bürgerin in Esslingen, verkauft der Witwe des Frauenkirchenbauers („buwe Barliers") Mathias von Ensingen, Anna Eckelerin, den Weingarten mit Steingrube, welcher ihr Mann von Heinz Hutzenlab von Mettingen gekauft hatte, für 22 Pfund Heller. Der Garten liegt in Mettingen in der Schliffhalde zwischen Peter Adams Baumgarten und des Schöfferlins Weingarten; das Spital bezieht einen jährlichen Zins von 5 Schilling Heller daraus."

Die Zeit zwischen 1414 und 1436, 22 Jahre lang, ist zu erforschen. Wie und wo hat Matthias gelebt, bevor er die Anna Eckeler, verwitwete Hülin, quasi heiraten musste? Hatte er Kinder?

xxx

1427-1430 arbeitete Matthias auch in Ulm als „Mathis von Ensingen". Eintrag in den Steuerlisten von Ulm (siehe auch die früheren Namensbezeichnungen).
In Bönnigheim wurde ein Lettner um das Jahr 1440 erbaut. Über dem Haupt der Mater Dolorosa ist ein Steinmetzzeichen verdeckt völlig unversehrt zu sehen. Es liegt der Schluss nahe, dass ein en-

ger Mitarbeiter oder gar ein Sohn von Matthias am Lettner gearbeitet hatte. Matthias starb vor dem 10. November 1438 in Esslingen.

Matthias wurde nur 42 Jahre alt. Am 21. Dezember 1438 bat der Rath von Esslingen Matthäus I um Bestellung eines neuen Parliers. Siehe auch *<Pfaff 1863 Geschichte der Frauenkirche Esslingen> (Buchseite 58)* Nachfolger von Matthias wird an der Frauenkirche Esslingen Hans von Böblingen.

3 Nachfahren von Matthäus I

3.1 Vincenz

Vincenz, ein Enkel von Ulrich, Sohn von Matthäus I, ist im Jahr **1422** in Bern geboren worden. Über seine Kindheit ist nichts bekannt. Er wurde ebenso ein Baumeister und Steinmetz wie sein Vater. Wie konnte es anders sein? Er hatte ja große Vorbilder und wuchs bei seinem Vater in Bern neben dem Münster auf.
Er machte seine Lehre auch ab dem zwölften Lebensjahr und war nach fünf Jahren Lehrzeit 1439 siebzehn Jahre alt. Ein Jahr später arbeitete er mit seinem Vater „Matthäus I“ an der Frauenkirche in Esslingen.

1444 heiratete er eine Gredi Dreher und wohnte fortan mit ihr in Bern. Ab dem Jahr **1446** vertrat er seinen Vater in Bern, als dieser im August desselben Jahres nach Ulm übersiedelte.

Ab **1448** wohnte Vincenz im Hause seines Vaters in Bern. (Wohnte da die Ensingerin – Trogen – auch?). Die Gredi geborene Dreher ist auch im Jahre 1422 in Bern geboren. Sie ist vermutlich nach 1493 in Bern gestorben.
Vincenz ist auch 1493 in Konstanz gestorben.

Aus dieser Ehe gingen drei Kinder hervor. **Moritz II, Margaretha** und **Barbara**. Alle drei sind in Bern geboren.

Moritz II geboren 1448 Bern, gestorben 1479 in Bern,
Margaretha geboren 1450 Bern, gestorben 1512 in Ulm,
Barbara geboren 1452 Bern, gestorben ? Ledig?

xxx

Über **Moritz II** ist nichts weiter bekannt. Weder über eine Heirat noch über Kinder. Auch fehlt eine Notiz über seinen beruflichen Werdegang.

Genau so wenig ist über **Barbara** bekannt. Ist sie ledig geblieben? Ihr Sterbejahr ist auch nicht bekannt. Dafür weiß man über Margaretha viel mehr.

xxx

Margaretha, geboren **1450** in Bern. Gestorben 1512 in Ulm. Vincenz Tochter heiratet 17-jährig im Jahr 1467 den Bildschnitzer Michael Ehrhardt aus Ulm. Ein bekannter Bildhauer. Dieser ist 1430 geboren und 1523 verstorben. Sie hatten drei Kinder:
a) Afra, b) Gregor, c) Walburga (Walpurg?).
a) Afra lebte von 1465 bis ca. 1543 in Augsburg, und heiratete ca. 1484 einen Adolf I Dauer. Dieser lebte von 1463 in Ulm, bis 1523 in Augsburg, arbeitete bei seinem Meister Michael Ehrhardt als Bildhauer/Schnitzer und brachte als einer der ersten Augsburger Künstler die Formenwelt der italienischen Renaissance nach Deutschland. *(Kommentar brigitte/ensinger)*.

Zahlreiche Altäre stammen von Adolf I Dauer. Afra und Adolf hatten zwei Söhne. Der erste Sohn ist Hans. Geboren 1487/88 in

Tann-Niederbayern. Gestorben 11.11.1538 in Augsburg. Heiratet 1517 in Augsburg Susanne Kicklinger. Geboren 1495, gestorben 1528. Sie hatten fünf Kinder.
Der zweite Sohn war Adolf II, welcher von 1498 bis 1558 in Augsburg lebte.

b) Gregor lebte von 1467 bis 1540 in Augsburg.

c) Walburga wurde 1470 geboren, vermutlich auch in Augsburg. Michael Ehrhardts Tochter war verheiratet mit einem **Fugger vom Reh**. Sie hatten zwei Söhne, die Goldschmiede waren. In welchem Jahr Walburga gestorben ist, ist nicht bekannt.

xxx

Wir lesen weiter über **Vincenz:**
1450 ist Vincenz zusammen mit seinem Vater in Strassburg. Anschliessend gehen beide nach Ulm. 1451 kehrt Vincenz wieder nach Bern zurück.
1453 ist Vincenz in Bern als Mitglied des Großen Rates erwähnt.
1454 übernimmt er von seinem Vater die Oberbauleitung in Bern, die er bis 1460 innehatte. Noch vor **1459** muss er eine Bestallung als Baumeister des Doms zu Konstanz erhalten haben. Denn auf den Steinmetztagen zu Regensburg 1459 unterzeichnete er als „Vincensie von Konstanz“, das ausgehandelte Protokoll.
In diesen Tagen wurden **einheitliche Regeln für das Bauwesen** aufgestellt, die bis in das 18. Jahrhundert gegolten haben.
1460 erschien er als Werkmeister (Vincentius Lapacida) am Bau der Martinskirche in Colmar. 1464 wurde er im Fabrikbuch des Basler Münsters als *„Vintentius Ensinger magister operis vulgariter Werkmeister in Constantia“* bezeichnet.

1470-1471 arbeitete und führte er in Basel den Martinsturm zum Abschluss. In Basel baute er in dieser Zeit auch den kleinen Kreuzgang.
1475 wurde er plötzlich entlassen, wegen Bedenken über die Haltbarkeit seines Werkes.
1479 wurde Vincenz in St. Gallen mit Entwurfsarbeiten für ein Chorgestühl betraut. Seine Bauten waren technisch perfekt.
1487 schien er die Bauleitung in Konstanz abgegeben zu haben. Am 22. Oktober **1489** wurde er in Konstanz entlassen. Es gab Streitigkeiten mit Steffan von Bassnow, der 1487 als Parlier in Konstanz erscheint (Arbeiten an der Vorhalle oder Portal).
Vincenz‘ Nachfolger wurde Lux Böblinger. Dieser war schon am 22. Februar 1488 Parlier bei Vincenz.
(Klemm S. 65).

Vincenz‘ fruchtbare Tätigkeit durch drei Jahrzehnte in Konstanz begann mit dem Umbau und der Wölbung des östlichen Kreuzgangflügels und der Anbauten, *„der kostlich wenker (Weinkeller), die schul und die librery darob“,* deren Bau am Jakobstage 25. Juli 1453 begann.
Unter anderem arbeitete er auch an dem Einzug der Gewölbe der Mauritz-Rotunde im östlichen Flügel des Klosters und seiner angrenzenden Gebäude sowie einer Anzahl von Kapellen auf der Nord- und Südseite des Münsters.
Der Berner Rat schickt ihm ein Schreiben nach Konstanz betreff: Klage von Dorothea Trogen gegen Gylian Äschler, Ehemann von Margret I. Es geht um den Nachlass des Moritz I. Äschler hatte ein Darlehen über 500 Gulden von Moritz I erhalten.
1493 stirbt Vincenze in Konstanz.

xxx

3.2 Ursula II

Ursula II, geboren **1425**, als zweites Kind von Matthäus I in Bern. Gestorben ca. 1473. Sie heiratete einen Gylian (Gilg) Balsinger, um das Jahr 1448. Gylian Balsinger ist ca. 1420 geboren und vor 1448 gestorben. Weitere Daten fehlen.

3.3 Anthony I

Antony I, geboren **1427**, als 2. Sohn von Matthäus I in Bern (auch Anton genannt).
Anthony I war Mitglied in der Stubengesellschaft *„zum Affen"*.
Anthony I, Vincenz und Stefan Hurder waren in der Korngasse in Bern Stubengesellen.
Antony I heiratete ca. 1446 in Bern eine nicht bekannte Frau, wohnte mit dieser in Bern und war Bürger dieser Stadt. Ob die beiden Kinder hatten, ist nicht bekannt.
Anthony I hatte aber einen unehelichen Sohn mit Namen „Gylian I".
Dieser **Gylian I** ist **1448** in Bern geboren. Noch im gleichen Jahr verließ Anthony I die Wohnung in Bern. Anthony I ging nach Ulm. Dort starb er im Jahr **1488.** Ob er in Ulm eine neue Ehe eingegangen ist, weiß man nicht. Ebenso wenig, ob er noch weitere Nachkommen hatte.
Dieser Gylian I heiratete eine Margret N. Sie wohnten 1494 in Bern in der Korngasse. **Gylian I** starb **1519.**

3.4 Margret I

Margret I, geboren **1428.** Sie war das vierte Kind von Matthäus I aus erster Ehe. Das Geburtsjahr ist nicht 100% sicher, und das Sterbejahr ist ca. 1471. Margret heiratete einen Gylian Äschler aus Bern. Dieser war Mitglied des Hohen Rates in Bern und Vogt in der Grafschaft Nidow.

Gylian Äschler, geboren ca. 1420, gestorben ca. 1470.

3.5 Moritz I

Moritz I, geboren **1430** in Bern. Er ist der dritte Sohn von Matthäus I. Vor dem **26.02.1483** ist er in Lenzburg, CH, gestorben. Er heiratete nach **1463** seine Stiefmutter Dorothea Trogen, genannt „Ensingerin". Es ist das Todesjahr von seinem Vater Matthäus I, diese Ehe blieb kinderlos.

Nach dem Tode von Moritz I (1483) heiratete die Trogen den Niclaus Wyss, genannt „Rosminde". Er war Bürger zu Ulm.
Hier nehmen wir vorweg und ergänzen die Seite 28:

Die Trogen und der Wyss begannen 1484 einen langwierigen Prozess gegen die Erben von Moritz I. Nämlich:
Matthäus II, Ursula II, Anthony I, Margret I, und Vincenz
Der Wyss setzt den Prozess über den Tod von der Trogen hinaus fort. Wie der Prozess geendet hat ist noch nicht bekannt. Es handelte sich um die Erbschaft von Caspar.
Es besteht ein Testament vom 16. Oktober 1429, zu Gunsten der Ursula I. *Seite 27*

xxx

Moritz I machte auch eine Lehre bei seinem Vater in Bern an der Münsterbauhütte. Gehen wir wieder von einem Beginn von zwölf Jahren und einer Lehrzeit von fünf Jahren aus, so war Moritz I am Ende der Lehrzeit **1447** rund 17 Jahre alt. Es folgten zwei Jahre als Geselle in Bern.

1449 wurde Moritz I erstmals als Geselle in Ulm erwähnt. **1463**, am 30. Mai, wurde er dort Nachfolger von Matthäus I. Zunächst auf zwei Jahre befristet.

1465 am 16. Oktober folgte die Anstellung als Kirchenmeister auf 10 Jahre. Und er war erst 35 Jahre alt.

Moritz I wölbte in Ulm das Mittelschiff ein und führte den Turmbau fort. Es existiert noch ein Foto von einem Turmriss.
1470 am 11. Juli erhielt er eine Anstellung auf Lebenszeit. Sein Jahresgehalt war jetzt 90 rh. Gulden zuzüglich weiterer Vergütungen.

1471/72 Umbau des Spitals in Geislingen. 1472 erstellte er eine Visierung mit ausführlicher Erläuterung für den Turm in Nördlingen an der St. Georgskirche.

1474 war er Sachverständiger an der Frauenkirche in München.
Am 30. 5. **1477** bat der Abt von Weingarten die Ulmer, dass Moritz I die Klosterkirche wiederherstellt. Offensichtlich sahen die Räte in Ulm diese Tätigkeit als Vertragsverletzung. Moritz verließ Ulm.

1478 arbeitete er in Konstanz beim Bruder Vincenz. In Konstanz erwarb er die Bürgerrechte und kaufte ein Haus, das er **1479** wieder verkaufte. Er hatte Kenntnisse im Städtebau und Festungsbau.
Vom 13. Juli **1481** bis 1482 war er in Bern am Münster tätig. Er trat die Nachfolge von Niklaus Bierenvogt an, der seines Amtes enthoben wurde.

Zu dieser Zeit arbeiteten drei Baumeister Ensinger am Berner Münster: Vincenz, dessen Sohn Moritz II, und Moritz I. Ein auf Holz gemaltes Bild von Moritz I mit der Jahreszahl 1482 befindet sich im Museum in Mainz. Er wurde krank und lebte die letzten Monate in Lenzburg -CH. Am **26. Februar 1483** starb er in Lenzburg CH.

Moritz I, 1430 geboren in Bern,
Eine Urkunde aus Ulm vom 9.10.1465 besagt:

„Er (Moritz I) muss versprechen, in dieser Zeit hushablich in Ulm zu sitzen. Wobei er freie Wohnung bekommt, nicht ohne Erlaubnis auszureiten und dgl., nicht ohne solche ein Werk innerhalb oder außerhalb der Stadt zu übernehmen, die Visierungen (Risse) über das Münster und Turm der Pfarrkirchen, die schon da sind oder noch gemacht werden, bei seinem Absterben dem buwe (Bau) und dem Kirchenmeister zu überlassen. Sein Jahressold beträgt 60 Gulden, außerdem bekommt er für überlassen der bockstal (Baugerüste) pro Jahr 15 Gulden. 1469 werden ihm noch für eine besondere Verehrung 40 Gulden versprochen.“

xxx

3.6 Matthäus II

1432 wurde er als vierter Sohn von Matthäus I in zweiter Ehe mit der Dorothea Trogen, genannt „Ensingerin", in Bern geboren. Die Trogen hatte nur dieses Kind. Bei Matthäus I war es das sechste Kind aus zwei Ehen. Das Sterbedatum von Matthäus II ist nicht bekannt. Vermutlich ist er nach 1480 gestorben.
Matthäus II heiratete eine Bernerin, deren Namen auch nicht bekannt ist. Sie hatten 2 Söhne:

Matthäus III geboren**1470,** in Bern, und
Anthony II geboren ca. **1473** ebenfalls in Bern.

1462 arbeitete Matthäus II in Bern. Und war auch dort im Hohen Rat Mitglied.
Alle Steinmetze und Baumeister Ensinger waren bis dato auch in Ulm tätig.
So war es mit großer Wahrscheinlichkeit auch bei dem Matthäus II. Bei drei gleichen Namen „Matthäus" war es sichtlich schwer, eine Zuordnung zur Person herzustellen. Eine Verwechslung ist wahrscheinlich und möglich gewesen. Zumal die Namensgebungen nicht immer korrekt und gleichbleibend waren.
Siehe auch nachfolgender Absatz 4.1 Matthäus III. Da sind die unterschiedlichsten Schreibweisen der Namen erkennbar. Wie Matheis oder Mathus etc.

4 Nachfahren von Matthäus II

4.1 Matthäus III

1470 ist **Matthäus III**, in Bern geboren, als 1. Sohn von Matthäus II. Er wohnte in der Junkerngasse, wurde 66 Jahre alt und ist **1536** in Bern gestorben. Er heiratete eine Barbara Strölin (Stralin, lt. Carstanien). Herkunftsort der Barbara Strölin ist mit großer Wahrscheinlichkeit Ulm. (Davon gibt es in Ulm eine Urkunde)

Barbara Strölin ist **1465** in Ulm geboren und am **17.6.1536** vermutlich in Bern gestorben.
Zu dieser Zeit wütete die Pest. Da beide, Matthäus III und Barbara, im gleichen Jahr starben, gehen wir davon aus, dass der Unterschied ihrer Todestage nur wenige Tage oder Wochen betrug.

Aus dem Heimatbuch Böhringen, Geburtsort von Lorenz August II, entnehmen wir in den Jahren 1502 bis 1555: Hans Strohmaier/Ströhlin genannt „Klein Hans ist Richter in Strohweiler". Dies ist ein Teilort von Böhringen.
Ulm und Böhringen sind ca. 50 km weit voneinander entfernt. Besteht ein Zusammenhang Barbara Strölin – Ströhlin – mit dem „Kleinen Hans"?

Des weiteren gibt es in Böhringen den Namen „Strähle". Auch dieser Name kann von Ströhlin abgeleitet worden sein.

Es wird daran erinnert, dass Aufzeichnungen in Steuerbüchern und Schreibweisen wie „Matthus" in Ulm und Umgebung mehrmals anzutreffen sind. **1483** ist ein **Mathus** in den Lagerbüchern von Oberensingen erwähnt.

So ist auch nicht auszuschließen, dass es sich in diesem Fall um Matthäus III handeln kann. **1483** ist Matthäus III **13 Jahre alt** und vermutlich im ersten Lehrjahr in Ulm bei Anthony I, der von 1448 bis 1488 in Ulm lebte und dort verstorben ist? (Siehe auch Hans 1 Seite 60)

Durch seine Tätigkeit als Baumeister und Steinmetz hatte Matthäus III den Kontakt zur Ulmer Bauhütte. In den Steuerlisten von

Ulm und Bern ist er aufgeführt. Es sollte noch weiter nachgeforscht werden. Folgende Hinweise sind überzeugend, dass er Barbara Strölin (Ströhlin) in Ulm kennenlernte und heiratete. Der Altersunterschied betrug nur fünf Jahre.

Auch für diese Verhältnisse um **1490** war ein erfolgreicher Baumeister eine gute Partie. Der Ruhm Ulrichs trug dazu ein Übriges bei. Matthäus III und Barbara Ströhlin heirateten ca. **1493**, zogen nach Bern und wohnten nachweisbar **1494** in der Meritgasse, auf der Sonnenseite, heute Kramgasse.

Matthäus III hatte zwei Knechte und versteuerte 500 Pfund. Von **1512** bis **1526** war er Mitglied des hohen Rates von Bern. Matthäus III war demnach nicht arm. Die Strölins waren Patrizier und kamen ursprünglich aus St. Gallen in der Schweiz.

1526 ist ein **Mathus** im Lagerbuch von Oberensingen erwähnt. Dieser hatte dort einen Hof besessen, „von Altersher", d.h. dass er ihn schon länger besessen hatte (Siehe oben 1483). Er könnte ihn auch vererbt bekommen haben. Es ist anzunehmen, dass in der Reformationszeit die Familien auch bestrebt waren, durch Grund und Boden ihren Lebensunterhalt günstiger und unabhängig zu gestalten.

Matthäus III und Barbara hatten **zwei Kinder**. Eine Tochter und einen Sohn. Die Tochter war mit einem Barbly verheiratet, der von Bitzlus oder (Sulpitzius), Wisshan, einem Teilort von Bern stammt. Über Nachkommen der Tochter ist nichts bekannt.
Dieser **Sohn,** nennen wir ihn **Hans 1**, ist vermutlich das Bindeglied zu unseren Vorfahren. **Hans 1** ist ca. **1493** geboren. Die Eltern von Hans 1, Matthäus III und Barbara, wohnten **1494** in Bern. Wie lange der Sohn Hans 1 dort blieb, ist nicht bekannt (? 1506 > 13 Jahre, Beginn der Lehre?).

Aus Büchern lesen wir, dass ein Hans Ensinger zusammen mit Baumeister Hans Buß **1506-1509** an der Laurentiuskirche in Nürtingen gearbeitet hat. War Hans Buß der Lehrmeister von Hans Ensinger? **1533** ist Hans nochmals in den Steuerbüchern von Nürtingen erwähnt.

Sein Steinmetzzeichen und das von Hans Buß sind im Gasthof Adler in Oberensingen zu sehen. (siehe Seite 37)
In den Kirchenbüchern von Owen ist zu lesen, T,B. I S 29, dass „Hansensjung„ der Veltin (Valentin) ist.

D.h**. Hans 1 ist der Vater von Veltin I.**
Dieser **Veltin I** ist **1530** in Owen geboren worden und starb auch in Owen im Jahr 1570.
Veltin I heiratete eine Agnes. Beide wurden **1559** in Owen getauft, in der Zeit des Umbruchs und der Reformation.
Wen Hans 1 geheiratet hatte, ist noch nicht bekannt.

Hans' 1 Todesjahr ist vermutlich vor 1536. Wenn Hans 1 nicht mehr in Bern lebte, sondern im Kreis Nürtingen, so ist zu verstehen, dass die Barbara geb. Strölin ihr Testament zu Gunsten ihres Schwiegersohnes Barbly gemacht hatte. Dies bedeutet auch, dass Matthäus III vor ihr im Jahr 1536 gestorben ist.

In der Zeit um **1525** war der Bauernaufstand im Raum Remstal, Kirchheim, Nürtingen und Böblingen. Es gab viele Verluste. Zum Teil sind auch Beteiligte geflohen oder ausgewandert.

4.2 Anthony II

Anthony II ist als zweiter Sohn von Matthäus II in Bern ca. **1473** geboren. Das Todesjahr ist nicht bekannt. 1494 wohnte er wie Matthäus III in der Junkerngasse. Es ist nicht bekannt, ob er verheiratet war und Kinder hatte. Vermutlich war er der letzte Kirchenbaumeister, oder der Hans, den wir bei Matthäus III erwähnt haben?

5 Nachfahren von Matthäus III

5.1 Hans 1

Hans 1 ist, wie oben beschrieben ca. **1493** in Bern oder Ulm geboren. Seine Eltern sind Matthäus III und Barbara Strölin aus Ulm. 1494 wohnte die junge Familie in Bern.
Aufgewachsen ist demnach Hans 1 zusammen mit seiner Schwester in Bern. Er erlernte wie alle seine Vorgänger das Steinmetzhandwerk. Es ist anzunehmen, dass er die Lehre 1506 in Nürtingen bei Hans Buss absolvierte.
Beide arbeiteten lt. Steuerlisten 1506 an der Laurentiuskirche in Nürtingen. (S. 40 Steuerbücher von Nürtingen)
Hans 1 war der letzte bekannte Baumeister und Steinmetz der Ensinger. Steinmetzzeichen von Hans 1 siehe S. 26.

In der Zeit vor 1550 gab es die unterschiedlichsten Schreibweisen des Namens Ensinger. Woher dies kam, lässt die Vermutung zu, dass sich die Nachkommen voneinander unterscheiden wollten. Auch deswegen, um ihre eigene Identität zu wahren. Jeder hatte auch ein eigenes Steinmetzzeichen. Aber sehr bald folgten sie ihrem Vorbild Ulrich Ensinger mit der gleichen Schreibweise.

Wollte jeder vom großen Namen profitieren oder wollte jeder der Nachkommen den Namen Ensinger in Ehren halten? Hier einige Kostproben. Ennßinger, Enzinger, Änsinger, Önsinger (Oensinger gibt es 2019 in Lenzburg) etc. Es sind Abkürzungen des Vornamens wie Mathis für Matthias, oder Mathus für Matthäus verwendet worden.

Auch in Dokumenten der Ämter wurden unterschiedliche Schreibweisen angewandt.

Sie ahnten nicht, welche Probleme wir heute im Jahr 2016 damit haben. Nachfolgend werden mehrere Notizen und Akten wiedergegeben um die Problematik derselben aufzuzeigen. Es ist mühsam, die Zusammenhänge zu erkennen und darzustellen (siehe weiter in den Jahren um 1530 mit Namen Hans und Veltin I).

xxx

In den Lagerbüchern, im Raum Nürtingen – Neuffen – Frickenhausen, auch in „Altwürttembergischen Lagerbüchern“, der Vorder-Österreichischen Zeit des Landesarchivs Stuttgart, sind folgende Eintragungen zu finden.
Aus Buch: „Flurnamen der Gemeinde Frickenhausen“, Geistliches Lagerbuch Kloster Neuffen, lesen wir zusammengefasst:
(Die eingetragenen Namen waren Grundstücksbesitzer)

1525 Flurname „Kürze“ *fol. 158 v./159 Item* ***Agneß Ensingerin***? (unten 509-511)?

1525 Flurname „Badstube“ fol. *165 Item* ***Wendell Ensinger****?* *(„ 506)?*

1525 Flurname „Kölblin“ *fol.161 Item* ***Wendell Ensinger***? („ 509)?
1525 Flurname „Frühmesswiese“ *fol.159* ***Wendell Ensinger.****? („ 511)?*

Aus dem Landesarchiv Stuttgart entnehmen wir in der Zeit von **1520-1534** im Personenregister S 774 / II Rep.Zu.15-2: **Ensinger, Ensinger(in), Agnes** 509-511, **Barbara** 539,

Hans 508-509p, 511p, 544, Jakob 526, Ludwig 526, 538, Magdalena 509, Wendel 506, 509-511, Wolf 538p.
Sind die Grundstücke von Agnes und Wendel 1525 verkauft worden?
Ein Wendel ist um 1525 nach Amerika ausgewandert.

Eintrag am **15.5.1526** Frickenhausen**: Magdalena**, **Wendel Ensingers, Wwe,** zinst aus 1 ½ J.A. 1 Pf. 8 ß, h. Alles lt. Brief bei der Regstr. D.h. Magdalena zinst Schulden.
In den Lehen zinsen Ludwig Ennßinger und sein Bruder Jakob 6 h, aus 1 Wbl. (Weinberglehen)

Auf S. 397 **1526** lesen wir: Zelg uff Enßinger Berg: Gen. Der Anwender folg.206 Oberensingen. Jeder Steinhauer, der in den Gruben Steine haut, gibt 1 ß h, „gen. byllo schilling".

Aus dem Amt Neuffen- Frickenhausen lesen wir auf S. 508 im Jahre **1526**, fol. 149-150: Ablösige Hellerzinsen auf Jeory „**Hannß Ennßingers Wwe zinst** aus 1 Tw. (Tagwerk) W. (Weingärten) 11 ß h, die mit 11 Pf, h, **auf Georgi,** Ablösig sind. (Dieser Hannß kann nicht Veltins Vater sein) siehe S 54 **yy**

Lt. Brief, von **1509**: ***„Ich Hanns Ennsinger****, Frytag vor Sant Jergentag„* (ist dieser **Hanns,** geboren 1493, **-16 Jährig-** dann Veltins Vater?) siehe S 55 **xx**

1526 lesen wir: Vierteilige Weingärten fol. 180- 183 Teilinhaber: ***Hannß Enßinger****, und Siebenteilige Weingärten fol. 186 -187 Teilinhaber:* ***Wendell Ensinger***

Weitere Notizen **1526:** Unablösige Hellerzinsen aus Äcker und

Wiesen: Teilinhaber Wolff Ennsinger gibt aus insges. 5 ½ J. das Viertel, Anstößer A 403, Barbara Ennsingerin.
1526 Grabenstetten: Anstößer A. 429 **Hanns Ennßinger, wüster.**

Gab es eine Wanderungsbewegung zwischen den Orten: Oberensingen-Nürtingen, Frickenhausen, Erkenbrechtsweiler, Owen Brucken?

Hans 1 kommt 1506 aus Bern nach Nürtingen (siehe oben) und lässt sich hier in der Umgebung nieder.

Aus diesen Aufzeichnungen geht auch hervor, dass diese „Ensinger“ Grundbesitz besaßen. Wer hatte schon im 15. Jahrhundert Grund und Boden? Ferner ist bekannt, dass die Steinmetze und Baumeister gut entlohnt wurden. So ist mit diesen Daten der „Ensinger“ aus dieser Zeit ein Zusammenhang zu erkennen.

xxx

Auch ist zu vermerken, dass durch eine längere Abwesenheit der Baumeister, z.B. Matthäus I von zu Hause, durchaus Seitensprünge möglich sein und so weitere nicht erbberechtigte Nachkommen entstanden sein könnten.
Wurden deshalb andere Namens- Schreibweisen wie oben bei Hans – Hannß, oder Agneß – Agnes verwendet?
Aus obiger Notiz haben wir alleine acht Ensinger, die um die gleiche Zeit im Raum Nürtingen und Umgebung gelebt haben.
Betrachten wir die Jahreszahlen und die Namen in einfacher Schreibweise: **1509 Hans** Ensinger (16 Jahre alt?) schreibt Brief, siehe **xx** S 54.

1526 Hans Ensinger. ist Teilinhaber in Frickenhausen.

1526 Hans Ensinger ist Anstösser, (d. h. Grundbesitzer) in Grabenstetten.
Dieser Hans lebte also noch **1526** und war **33 Jahre** alt. Er ist demnach der Vater von Veltin I, der 1530 geboren ist.
Da in der Folge noch viele **Hans** kommen, erhält er die **Nr.1.**

Hans 1 arbeitete 1506 bis 1509 und noch 1533 in Nürtingen an der Laurentiuskirche. Hansens Eltern, Matthäus III und Barbara, geb. Strölin, starben 1536 in Bern. Unser **Hans 1** (Veltins Vater, und Sohn von Matthäus III) ist nach **1533 gestorben.**
Weiterer Hinweis:
Im Taufbuch T.B. I auf Seite 29 lesen wir:
Hansens Jung ist Veltin I

xxx

Nicht geklärt ist die Schreibweise Hans – Hanns – Hannß?
Hannß Ennßingers Wwe, *(eine andere Frau)* zinst 1526 auf Georgi. Dieser Hannß kann demnach nicht der Vater von Veltin I sein.
Gab es noch einen anderen Hannß?

Trotzdem stelle ich die Frage:
Wer außer diesem **Hans 1 (1493 - >1533?)** könnte das Bindeglied zwischen Matthäus III (1470-1536) und Veltin I (1530-1570) sonst sein?

Caspar (1388-1429)? Er hatte keine Kinder.
Moritz I (1430-1483)? Er hatte keine Kinder.
Anthony I (1427-1488) seit 1448 in Ulm und Umgebung?
Gylian I (1448-1519)? Er wohnte nur in Bern.
Moritz II (1448-1483)? War er verheiratet, hatte er Kinder?

Und besagten Anthony II; von ihm ist nur bekannt, dass er 1473 in Bern geboren ist und 1494 in der Junkerngasse gewohnt hat. Das Todesjahr fehlt. Oder gibt es weitere Kinder, die nicht in einer Ehe aufgewachsen sind? Dies war im Mittelalter auch keine Seltenheit.

xxx

Wem sind die Namen aus den Lagerbüchern zuzuordnen? Agnes, Wendel, Barbara, Ludwig, Jakob, Magdalena, Wolf und Hans. Zu berücksichtigen ist auch, dass um 1525 die Pest wütete. Manche Familie wurde auseinandergerissen. Väter und Mütter suchten Hilfe, wenn sie ihre Kinder durch diese schlimme raue Zeit bringen wollten.

So ist zu verstehen, wenn eine Witwe sogleich nach dem Tod ihres Ehemannes wieder einen Lebenspartner suchte. Es war auch die Zeit der Auswanderung nach Amerika. Siehe auch die Auswanderungsliste von Bremerhafen.

Die Daten zwingen uns gerade dazu anzunehmen, dass 1525 die Agneß und der Wendell diese vier Grundstücke verkauft und mit dem Erlös ihre Passage nach Amerika bezahlt haben. In den Auswanderungslisten sind diese beiden Namen vermerkt. Waren die Käufer oder auch Erben die Barbara, Ludwig, Jakob, Magdalena, Wolf und Hans?

xxx

Veltin I (Valentin) ist im Jahr 1530 in Owen Landkreis Esslingen geboren. Wie vordem erwähnt, heißt es in den Kirchenbüchern

„Hansen`s Jung“. Also ist Veltin I der Sohn von **Hans 1**, der 1533 noch in Nürtingen als Steinmetz und Baumeister arbeitete. Hans lebte in der Gegend von Nürtingen – Oberensingen – Owen – Brucken. Wir ziehen somit die Schlussfolgerung:

Hans 1 ist der letzte uns bekannte Steinmetz und Baumeister aus der Baumeisterdynastie von „Ulrich von Ensingen, 1350 – 1536“.

Es ist der Verdienst eines nahen Verwandten, Pfarrer Otto Ensinger, zuletzt gelebt und verstorben in Ulm, und Vetter meines Vaters, welcher den Grundstein gelegt hat für die nun weiter beschriebenen Personen in unserer Ahnentafel. Auf diesen Unterlagen konnte ich seit 1994 aufbauen und weitere Daten zusammenfügen.

Für die Zeit ab **Veltin I im Jahr 1530** und dessen Nachkommen gibt es wenige Veröffentlichungen. Hier kann nur über die Kirchenbücher in den Tauf- und Sterberegistern geforscht werden. Die Verfilmungen der damaligen Pfarrämter geben eine Hilfestellung, jedoch erschwert oft eine unleserliche Handschrift die Nachforschungen.

Es ist mir gelungen Unstimmigkeiten aufzuklären. Dies wurde in dieser zweiten Auflage korrigiert. Unsere Hauptlinie geht nicht von der ersten Ehe des Veltin I ab, sondern über die zweite Ehe des Veltin I mit der Margartha. Der Sohn Ulrich 1 führt somit die weitere Hauptlinie an.

Über die Berufe, Tätigkeiten oder andere Ereignisse der einzelnen Vorfahren fehlen sehr oft Hinweise. Sollte es weitere Schriftstücke geben, sind diese einzuarbeiten. Es ist teilweise schwierig Licht über Leben und Wirken der Vergangenheit zu bringen. Eine Hilfestellung ist die Gliederung im Anhang.

5.2 Tochter NN von Matthäus III und Barbara Strölin.
Ihre Daten sind nicht bekannt. Sie war verheiratet mit einem Barbly, der aus Bitzlus –Sulpitz- Wisshan stammt.
Ein Ort im Bereich von Bern. Da Barbara nach Matthäus III verstorben ist, machte sie ihr Testament zu Gunsten des Barbly.

6 Veltin I

Geboren wurde Veltin I im Jahre 1530 in Owen. Wie beschrieben ist Veltin I „Hansen's Jung". Veltin I, dessen direkte Nachfahren und Nachkommen bis Erik Veltin IV, der 2010 in Ulm geboren ist, sind lückenlos bekannt und im Stammbaum der Ensinger genannt. Welche Berufe oder Wirkungskreise sie beeinflusst haben, ist nur bei einzelnen Vorfahren bekannt.

1-Veltin I heiratete 1554 **eine Agnes** aus Owen. Geboren ist diese um das Jahr 1532., Veltin I ist 1570, Agnes 1571 in Owen verstorben. Sie hatten zusammen **fünf Kinder.**

Nr. 1: Veltin jr. II, geboren ca. 1554 in Brucken,
(Nebenlinie) NL
Nr.2: Ulrich 1,geboren ca. 1556 in Brucken,
(Hauptlinie) HL
Nr.3: Tochter **Margaretha 2** geboren, getauft mit den Eltern am 13.11.1559 am gleichen Tag noch verstorben. (Beleg Nr. 2).
Taufbuch I S. 28 -29 / lfd. Nr: 3072 und 3073
(Kirchen-Buchbeleg Nr. 2, lfd.Nr:97)
Eltern: Veltin Ensinger, Agnes inf. 34
Kind: Margaretha obyt (geboren, getauft, gestorben)
Taufpaten: Hans ----Schmidin Hans den witib
Nicht alles ist zu entziffern.

Nr.4: Jörg geboren ca. 1560, gestorben 1571, mit ca. 11 Jahren. Er wurde getauft am 10.Oktober 1561 mit Bruder Georg

Nr.5: Georg, geboren 10. Okt. 1561,. Er ist an diesem Tag getauft, und verstorben.. (Beleg Nr. 4).
Von 5 Kindern überlebten zwei Kinder:
1-Veltin II jr. 1554,- NL und **2-Ulrich 1 1556,--HL**

xxx

HL 2-Ulrich 1 Geboren ca.1556 in Brucken, gestorben am 27.2.1636 in Brucken. Er heiratete am 17.11.1590 Anna Hermann aus Brucken, Diepold Hermanns Tochter. Ehebuch I S. 676

Ulrich 1 hatte mit Anna geb. Hermann **6 Kinder**.
Aus dem Staatsarchiv Stuttgart „H 101/31 Bd. 11" lesen wir, dass ein Sohn Ulrichs **„Hans"** 1604 das Lehen zinst.
Welcher Hans ist gemeint?
Ist es der Sohn Nr. 1) Johannes? * 24.10.1591 ? (im allgemeinen Hans genannt?) Er wäre an diesem Tag dann 13 Jahre alt gewesen.

NL) **Johannes** (Hans) * 24.10.1591 (Beleg 10)
NL) **Ulrich 2** * 5.4.1594 oo 26.7.1640 eine Ursula aus Blaubeuren. Sie hatten einen Sohn Jung Ulrich 3 Geboren 17.5.1637
NL) **Jörg** * 3.4.1601. + 1571
NL) **Diepold 1** * 4.6.1604. (archion 238)
NL) **Valentin** * 4.12.1608 (oder 17.11.1607?). Dieser heiratete eine Agnes.
Und letztlich:

HL 6) Jakob * 14.7.1613.+ 5.2.1663 in Brucken.
Heiratete ca. 1636 eine Barbara. + 1.11.1699
Taufbuch I S. 538 Sie hatten **5 Kinder. 1,2,3,4,5**
Weitere Einzelheiten und deren Nachfolger in Gliederung:
(Belege 14/ 18/ 19)

HL 6.a) Diepold 2 Gerichtsmann, * 30.10.1637. + 18.3.1705
oo am 26.5.1668 Maria Löw, * 8.2.1651 + 26.9.1690
Sie hatten 5 Söhne. A,B,C,D,E

HL A**) Johann, Jakob I** auch Hans, Georg genannt.
*9.8.1672 + 16.3.1753 oo 2.11.1697 Anna, Maria
Kerner **(1)** * ca. 1677 + 6.8.1746 Sie hatten 6 Kinder
1- Johann, Conrad * 19.5.1711 Brucken, + 13.8.1758
oo am 11.8.1731 in Beuren Maria, Agnes Kottler
* 21.10.1707 Brucken, +16.1.1768 sie hatten 2 Kinder
a) Johann, Georg I **HL** und
b) Hans, Jakob **NL** T.B. Beleg Otto, archion 43

NL 6.c) Theobald NL 3
* Jan. 1644. oo 21.5.1668 Maria Löw
*14.9.1643 Sie hatten 2 Kinder. (Siehe 6.c.1 & 6.c.2)
Beleg 17, vergleiche Beleg 15, archion 372, Band 3

6.c.1) Johannes * 3.3.1677, oo 31.5.1707 Anna, Maria
Kielnecker, Sie hatten 6 Kinder. Beleg 15 (Linie 6.c.1)

6.c.2) Johann,Jakob * + , oo **A**nna,**M**aria **K**erner **2**
* 20.12.1678 Brucken, sie hatten 9 Kinder. Beleg 17
(Linie 6.3.2) Diese **A.M.K**. **2** ist ein Jahr jünger als die
A.M.K..1. die ca.1677 geboren und am 6.8.1746 gestorben
ist, und den Johann, Jakob I am 2.11.1697 heiratete.
(Beleg 15) (*Schon kompliziert)*

6.d) Jerg * 1648 +

6.e) Margaretha * 1651 +

Nebenlinie 2 6.2 (und S. 111)

6.b) Johannes, Georg (Hans 4 genannt)

* 14.2.1641 Brucken, Bauer und Ackermann. + 9.1.1698 in Brucken. Er heiratete am 14.1.1665 Anna, Maria Löw aus Brucken, * 10.2.1643, + 12.10.1703. Sie hatten **5 Kinder.** a, b, c, d, Beleg 18 T B. S 384, archion 30

6.b.a) Johann, Georg 1, auch Hans, Jörg genannt, *1.4.1674, Brucken, + 26.4.1727.zwischen Arneg und Gerhausen, Er heiratete in Seißen am 16.5.1699 die Magdalena Dässler. Sie hatten 10 Kinder Beleg 19 + 19/1 siehe Nebenlinie 2

6.b.b) Anna, Barbara * 30.9.1665, + 1.1.1743. Sie heiratete am 6.10.1685 den Martin Luickert. archion 30, Von Kindern ist nichts bekannt.

6.b.c) Margaretha * 15.12.1679, oo 22.6.1701 Johannes Kielnecker, sie hatten 4 Kinder. Beleg 18/1

6.b.d) Johann, Jakob (Hans,Jakob) * 15.6.1672, heiratete am 25.8.1696 Anna Munk, sie hatten 10 Kinder. Beleg 22 archion 42

1) Anna, Barbara	* 14.5.1697
2) Johann, Georg	* 1.2.1699
3) Johann, Georg	* 19.2.1704
4) Johann, Georg	* 13.10.1706
5) Johannes	* 13.10.1708
6) Johann, Michael	* 5.12.1710
7) Hans, Michael	* 11.4.1712
8) Johann, Ulrich	* 29.1.1714
9) Hanß, Conrad	*15.2.1716
10) Johann, Adam	* 29.1.1719

6.b.e) Juditha * 16.7.1684 T.P.Leonhard Schneider, Anna. Archion 80

Zehn Kinder von 6.b.a) Beleg 19+Beleg Otto + Beleg 23

a1) Johann, Geog 2, * 15.2.1700, oo Maria Barbara
Sie hatten 11 Kinder. Diese Linie wird nicht weiter verfolgt.

a2) Catharina,Magdalena * 1.4.1702 – archion 19

a3) Sophia, Elisabeth *18.12.1703 - archion 25

a4) Johann, Jakob VII * 25.4.1705, verheiratet in.1.Ehe mit Anna, Magdalena , sie hatten 3 Kinder. Beleg 16/1
In 2.Ehe mit Magdalena, Catharina **.** hatten 13 Kinder**.**

a5) Johannes *18.2.1707, heiratete am 27.1.1728 Justina, Magdalena Glöckler.

a6) Maria, Sophia * 6.6.1709

a7) Gottlieb * 25.6.1710 heiratete Barbara, sie hatten 1 Sohn, Hans , Jakob *31.10.1739

a8) Christoph * 16.3.1713

a9) Juliana * 21.6.1714

a10) Maria, Sophie * 18.3.1717

7) Veltin II jr. Nebenlinie 1

Er ist geboren ca. 1554 in Brucken, Landkreis Esslingen, verstorben nach 1620 und vor 1634. (Hans, Beleg O.)
Er heiratete zweimal. Die erste Ehe ging er am 2.11.1574 im Alter von 20 Jahren mit Anna, Margaretha Schmid ein. Sie ist geboren ca. 1555 und am 28.11.1634 gestorben, im Alter von 79 Jahren. Sie lebte als Witwe in Brucken und wurde in Gutenberg begraben. Aus dieser **1. Ehe** stammen 9 Kinder.
1.1 Hans 2, (Nebenlinie 1) und **1. 2 Walburga,** also Zwillinge. Beide geboren am 14.7.1578. (Taufbuch Nr: 2633, dort steht: Veltins Son, Sup: 444) (Beleg Nr.7).
Walburga steht in dem Taufbuchregister Nr.1426, vom 14.7.1578. Allerdings sind bei der Walburga ein Hans und eine Maria als Eltern eingetragen (Beleg Nr.13).
Veltin II jr. und Anna, Margaretha geborene Schmid hatten noch 7 weitere Kinder:

1.3 Barbara geb. 29.1.1576, gest. ca. 1621.Heiratete am 6.5.1600 einen Hans Thumm. Hatten 3 Kinder. archion 81
1.4 Valentin (a) geb. 6.9.1579, getauft und gestorben.
1.5 Valentin (b), geb. 2.7.1581.+
Er heiratete eine Margaretha Schmid. archion 137
1.6 Agnes geboren am 20.8.1587. archion 170
1.7 Margaretha geboren 29.4.1601 Taufpaten, Hanß Schmid, Friedmarch der Iller, Ferdinand Duppen xx Margaretha.
(Beleg 8) archion 230
1.8 Valentin (c) am 19.10.1602 geboren. archion 234
(Ein Valentin und eine Katharina haben einen Sohn Valentin * 8.3.1621 Eltern?)
1.9 Anna, geboren am 11. 12. 1608. Taufpaten Schmid Friedmarch, Conrad Duppen (Beleg Nr.9)

xxx

Veltin Jr. II trennte sich von der Anna, Margaretha im Jahre 1608. Es wird vermutet, daß er mit der **Catharina I** fremd gegangen ist. Nur 3 ½ Monate später, nach der Geburt von Anna Nr.9, (11.12.1608) kommen am 26.3.1609 Zwillinge zur Welt.Veltin Jr. II heiratet in **2. Ehe** diese **Chatarina I.** Sie haben zusammen 5 Kinder:
a Johannes geb. am 26.3.1609, und Zwilling archion 252
b Catharina II geb. am 26.3.1609 (Beleg Nr. 6)
c Agnes II geb. am 8.3.1611 Taufpaten Joan xx ...Maur xx Baydabach, Walburga Liab. (Beleg Nr.1).archion 257
d Ursula wurde am 3.2.1618 geboren Beleg 1/1
e Valentin geb. am 8.3.1621 Taufpaten M. Maur Baytenbach P.Q. Walburga, Georg Lieb Uyrr.
(Beleg Nr.3). archion 285

Veltin Jr. II hatte mit seinen **2 Frauen 14 Kinder.**

Nachforschungen über diese Kinder ergibt mit Sicherheit eine weitere große Nebenlinie.

8 Hans 2 (Zwilling zu Walburga) Nebenlinie 1

Hans 2 ist am 14.7.1578 in Owen geboren. Taufbuch Owen 768. Er heiratete mit 18 Jahren am 1.12.1596 eine Anna, Barbara Thomma, die ca. 1578 geboren ist und am 9.2.1635 in Brucken verstarb. Sie hatten **6 Kinder.** Hans 2 ist am 15.8.1635 in Brucken gestorben.

1)Hans jr. 3, *. 22.12 1597 in Brucken (Beleg 5) .+ 25.7.1636.
Heiratete am 9.11.1624 Maria Briegel (Striegel) * ca.1605
und am 29.7.1635 nach 11 Jahren Ehe in Owen an der Pest
gestorben. In diesem Jahr sind an der Pest 544 Personen
gestorben. Hatten 3 Kinder:
a) Margaretha *28.10.1630
b) Heinrich * 22.8.1633
c) Johannes *26.11.1634
2)Anna, geboren am 11.1.1599 in Brucken. (T.B.lfd.Nr: 2633, 444) Taufpaten waren Martin Schultheis und Anna Jakob Knellens Weib?(Beleg 7).

3) Veltin III, von Brucken. Er wurde als Jung Veltin bezeichnet, ist am 17.11.1607 geboren, am 5.4.1637 verstorben. Er heiratete eine Agnes archion 358
Sie hatten einen Sohn Ulrich * 17.5.1633
4) Jakob * 18.12.1602 + 4.2.1603
5.) ???
6) Agnes * 10.10.1612

xxx

9 Diepold 2 HL

6.a) Diepold 2 wurde am 30.10.1637 in Brucken geboren und ist am 18.3.1705 verstorben. Er war Gerichtsmann und heiratete am 26.5.1668 eine Maria Löw. Geboren ist die Maria am --- und am 26.9.1690.gestorben.
Ist dies die Schwester von der obigen Anna, Maria Löw, der Frau von Hans bzw. Johannes?

Diepold 2 und Maria geb. Löw hatten 5 Kinder
A) Johann, Jakob I HL geboren am .9.8.1672, .. gestorben am 15.3.1753 in Brucken
B) Jung Diepold 3 geb. 22.3.1671 er heiratete eineMargaretha Sie hatten am 19.10.1704 Zwillinge. Ev, Maria und Anna, Catharina, archion 39
C) Martin geb. 9.8.1774, archion 49
D) Hans 5 geb. 3.3.1677 TP. Dietz Beleg 11 archion 57
E) Hanß Georg geb. + 14.9.1668, archion 35 Band 4

xxx

10 Johann Jakob I HL

Johann Jakob I ist am 9.8.1672 in Brucken geboren und am 16.3.1753 in Brucken 81-jährig verstorben. Zu dieser Zeit ein wahrhaft selten hohes Alter. Zu dem Zeitpunkt, als diese Zeilen geschrieben werden, stelle ich fest, dass ich jetzt auch schon 81 Jahre alt bin. Mein Vater und unser Ähne wurden beide 85 Jahre alt.

A- Johann Jakob I Er ging die Ehe am 2.11.1697 mit Anna, Maria Kerner **1** ein. Tochter des Kaspar Kerner aus Brucken. Sie ist geboren ca. 1677 und verstorben am 6.8.1746. (69 Jahre alt, lt. T.B. Pfr.Otto) Aus dieser Ehe stammen 6 Kinder. (Beleg 15)

Nr:3 Johann, Georg HL geboren am 24.8..1702, gestorben am 30.4.1727.
Nr. 4 Maria, Dorothea geboren am 4.5..1704 gestorben ?
Nr. 5 Anna, Maria geboren 9.3.1706 gestorben ?
Nr. 2 Johann, Jakob II geb. 22.2.1708 gestorben?
Nr. 6 Johann, Wilhelm geb. 26.5.1710, gestorben ?

Nr. 1 Johann, Conrad, der die **Hauptlinie** und das Bindeglied unserer Ahnen bildet. Geboren am 19.5.1711 und gestorben am 13.8.1758 in Brucken, heiratete am 11.8.1731 in Beuren Maria, Agnes Kottler, geboren am 21.10.1707 in Brucken, gestorben am 16.1.1768. Sie hatten **2 Söhne.**

a) Johann Georg I geboren am 22.11.1734 in Brucken, gestorben am 5.5.1799 Brucken. **HL**
b) Hans, Jakob geboren am 25.9.1736 in Brucken, gestorben am 16.12.1805 in Brucken. **NL 1/1** Talheimer Linie

xxx

Johann Jakob II wird nachfolgend als **Nebenlinie 4** aufgeführt. Er ist geboren 22.12.1708, gestorben ?
Er war in **erster Ehe** 29.1.1735 verheiratet mit Anna, Catharina **Holp.** * 1709 ,+ 4.12.1744. Sie hatten ebenfalls 6 Kinder.

1) Johann, Jakob III * 14.10.1735.
2) Anna, Barbara * 24.9.1736.
3) Hanß, Michael *Okt. 1737.
4) Gottfried * 13.10.1739.
5) Johann, Adam * 17.11.1741 in Brucken, oo Christina Werz. Deren Tochter Anna,Maria *24.3.1783 +16.2.1847, oo am 18.2.1806 Johannes Scheu .

6) Maria, Dorothea *14.7.1743 in Brucken

Johann Jakob II heiratete in **zweiter Ehe** im Jahr 1745 Elisabeth, Margaretha **Rindtel .** Geb. _, Gest. _
Auch daraus sind 6 Kinder hervorgegangen,

1) Johannes * 7.11.1745 .
2) Anna, Maria * 26.12.1746.
3) Johann, Jakob IV * im August 1748.
4) Elisabeth, Margaretha * 9.7.1750.
5) Agatha * 31.10.1752.
6) Johann, Martin *18.8.1754.

xxx

Johann, Jakob III war Glaser von Beruf. Er heiratete am 10.6.1760 in Owen Eva Ehni, geboren am 21.10.1739 in Gutenberg. Gestorben--??-
Sie hatten 7 Kinder.

1) Johann, Jakob V * 13.3.1761. +
2) Magdalena, Catharina * 20.5.1762 + 1.2.1820
3) Jakob * 17.12.1764. + Dez. 1764
4) Johann, Jakob VI * 2.5.1766.
5) Johannes * 7.7.1768.
6) Anna, Maria * 12.9.1770.
7) Anna, Regina * 18.3.1773. Heiratet am 2.11.1789 Johannes Rabel. Er ist der Vormund von J. Georg II und J. Georg III, 1801

xxx

11 Johann Conrad HL

Johann Conrad ist geboren am 19.5.1711 in Brucken, verstorben am 13.8.1758. in Brucken Er heiratete eine Maria, Agnes Kottler

am 11.8.1731 in Beuren. Diese ist geboren am 21.10.1707 in Brucken und verstorben am 16.1.1768 in Brucken oder Beuren?
Johann, Conrad und Maria, Agnes hatten 2 Söhne.

1. Johann, Georg I, geboren am 22.11.1734 in Brucken **Hauptlinie.**

und

2. Hans, Jakob, geboren 25.9.1736 **Nebenlinie 1/1**
Talheimer Linie

Nach dem Tod von Johann, Conrad, 1758, heiratete Maria, Agnes den Christoph Nufer aus Beuren.

xxx

Nebenlinie 1/1 Hans Jakob geboren am 25.9.1736 in Brucken. Er ist verstorben am 16.12.1805 in Talheim. Dieser heiratete eine Katrin Treibner aus Plauen, Vogtland, dort geboren 1733, verstorben 1790 in Talheim.
Generationen Nach 2 Hans, Jakob.

Johann, Martin Bierbrauer, geboren 25.3.1775, gestorben 26.2.1841 in Talheim. Heiratete 30.1.1798
Christin Barbara Freihofer, geboren 31.7.1774,
gestorben 17.2.1846 in Talheim Sie hatten 9 Kinder

1) Georg Michael	2) Johanna	3) Christina
4) Andreas	5) Katharina	6) Johann Karl
7) Elisabeth	8) Kaspar, Ludwig	9) Johann Peter

xxx

1) Georg, Michael Uhrmacher geboren 20.1.1812 Brackenheim, gestorben 20.6.1884 Brackenheim. Heiratete 1.11.1840Christine,Friedericke,Augusta Wellner, geboren 16.2.1820 Brackenheim, gestorben 16.3.1889 Brackenheim. Sie hatten 1 Sohn Wilhelm Adolf 16.3.1890

xxx

1.1)Wilhelm, Adolf Uhrmacher geboren 14.9.1846 Brackenheim, gestorben 7.5.1910 Möckmühl.
Heiratete am 21.7.1870 Luise, Wilhelmine Lenz, geboren 20.11.1849 Möckmühl. gestorben am 5.12.1925 Möckmühl. Sie hatten 9 Kinder.

1) Lina geb.1871, gest. 1871. Vermutlich bei Geburt
2) Emilie geb. 1872 gest. oo Johannes Eppler
3) Albert geb. 1876 gest. oo Elsa Imendörfer
4) Lina geb. 1878 gest. oo Hermann Kraft
5) Eugen geb. 1881 gest. oo Helen le Roy
6) Anna, Lydia geb. 21.1.1883 Möckmühl. gest. 29.8.1969 Möckmühl, heiratete Franz Selg, Landwirt. Sie hatten eine Tochter Irmgard, die einen Bader geheiratet hatte.
7) Hermann geb. 1886 gest. oo Gerda Authenrieth.
8) Margarethe geb. 1887 gest. oo Gottlob Metzger.
9) Adolf, Wilhelm geb. 1890, gest. 1890.
Es gibt keine direkten männlichen Ensinger Nachkommen.

12 Johann Georg I HL

Johann Georg I, geboren am 22.11.1734 in Brucken, gestorben am 5.5.1799 in Brucken. Er war von 1764 bis 1798 Schulheiß und geistliche Verwaltung in Brucken. Zu dieser Zeit –„34 Jahre lang“- ist es aus heutiger Sicht betrachtet eine Ewigkeit. Er muss somit ein aufrechter, gewissenhafter und umsichtiger Staatsbürger gewesen sein. 34 Jahre im Amt und Würde war aber im 18. / 19. Jahrhundert eine Herausforderung.

In Unterlenningen gab es um 1750 einen Schultheißen, der im 93. Lebensjahr erst durch einen Amtsverweser ersetzt wurde, weil er wegen seines Alters taub geworden ist, und die Amtsgeschäfte nicht mehr führen konnte.

Am 16.10.1755 heiratete **Georg I** eine Afra Haas aus Brucken. Afra ist geboren am 4.9.1735 in Brucken und gestorben am 12.5.1799 in Böhringen. Nur sieben Tage nach ihrem Mann. Sie hatten neun Kinder. Nur **drei Kinder** wurden älter und sind bekannt.
Bis in das Jahr 1871 galt ein Gesetz, dass der Gemeinderat einer Verheiratung zustimmen musste, wenn der Ehemann noch nicht 25 Jahre alt war. Der Grund war: Die heiratswilligen Personen mussten so viel Vermögen haben, dass sie der Ortschaft nicht zur Last fallen.

Nr. 1 Afra geboren 1760, gestorben 1831, sie heiratete Jakob Johann Bächle 1780 in Böhringen. Dieser war Heiligenpfleger, geboren 1755, gestorben 1805. Aus dieser Ehe sind drei Kinder bekannt:
a) Tochter **Rosina.I**, geboren 1782, gestorben 1811. Diese wiederum heiratete 1803 Johannes Schilling geboren 1779, gestorben 1849.
Afra und Jakob, Johann Bächle hatten noch fünf weitere Kinder. Diese Daten sind nicht bekannt
b) Tochter **Maria Agnes** geboren 1784, gestorben 1801
c) Sohn **Georg, Friedrich, Jakob** geboren 1792, gestorben 1813.

Nr. 2 Maria Agnes geboren 1762 gestorben 1844. Diese heiratete 1783 Michael Loser, Bauer und Richter, geboren 1764, gestorben 1850 ebenfalls in Böhringen. Sie hatten fünf Kinder.
a) Rosina II geboren 1785, gestorben 1852, sie heiratete 1805 Jakob Rieck, Schmied, geboren 1778, gestorben 1839.
b) Adam geboren 1788, gestorben in Tischard.
c) Johann Georg geboren 1790, gestorben 1882.
d) Afra Maria Agnes, geboren 1795, gestorben 1813.

e) Maria Margaretha geboren 1801, gestorben 1854, sie heiratete1824 Martin Feucht, geb. 1800, gestorben 1876.

Nr. 3 Johann Georg II

xxx

13 Johann Georg II

Johann Georg II wurde am 1.2.1767 in Brucken geboren und ist am 13.2.1808 in Böhringen gestorben. Beerdigt wurde er in Böhringen Er heiratete am 10.2.1792 Anna Juditha Ehni aus Gutenberg, des Mittleren Müllers Tochter, ist geboren 1770 und am 20.5.1820 gestorben.

In die Heirat haben eingebracht:
Johann, Georg 3357 Gulden und A. Juditha 1135 Gulden.
Am 27.4.1801 wurde ihr gemeinsamer Sohn Johann, Georg III in Brucken geboren. Das Ehepaar hatte einen Dienstknecht Joh. Bolzer und eine Dienstmagd Anna Krieg. Mit ihr hatte Johann Georg II im Jahre 1803 ein Verhältnis, das nicht ohne Folgen blieb. Am 5.2.1804 wurde der Sohn Johann Martin in Beuren geboren und getauft. Also zwei Tage später als sein Halbbruder Michael.

Im Sommer 1803 gab es nach bekannt werden einer Schwangerschaft der Krieg einen Streit. Die Frau A. Juditha betrieb daraufhin die Scheidung, welche vom Zivilgericht Ulm am 8.12.1803 vollzogen wurde.

Johann Georg II wurde in den Jahren 1801/1803 krank. Er hatte starke epileptische Anfälle, sodass er im Dezember 1803 in ein Heim eingewiesen werden musste. Der Seitensprung mit anschließendem Streit im Jahr 1803 war sicherlich der Auslöser seiner Krankheit. Es wird vermutet, dass ein Tumor letztlich zum Tod führte.
Anna Juditha lebte ab Dez. 1803 in Owen mit dem Kind Johann Georg III. Am 2. Februar 1804 kam ihr zweiter Sohn Michael in Owen zur Welt. Sie heiratete danach den Zimmermann Friedrich Scheu aus Owen.

Johann Georg II bekommt zwei Pfleger vom Gericht zugesprochen. Johann Rabel aus Brucken und Christoph Ensinger. Das gemeinsame Vermögen zu diesem Zeitpunkt belief sich auf 16‘302 Gulden.
Im Februar 1804 kam Johann Georg II zu seinen Schwestern nach Böhringen in Kost und Pflege. Dort starb er unerwartet im Alter von 41 Jahren am 13.2.1808. Johann Rabel und Michael Loser bleiben Pfleger (Vormund) auch für Kind Johann Georg III.

Johann Georg II und Anna Juditha hatten also zwei Kinder.
Johann Georg III geboren am 27.4.1801 in Brucken, und **Michael,** der am 2.2.1804 in Owen geboren wurde. Letzerer wurde nur vier Jahre alt und ist am 14.2.1808 in Owen verstorben. Er starb einen Tag nach seinem Vater. Welch ein Zufall oder ist mehr dahinter verborgen? Spekulationen wollen wir hier nicht anstellen. Nennen wir es Schicksal.

Anna Krieg heiratete im gleichen Jahr 1804 den Johann Jakob Ensinger, Bauer aus Brucken. Aus welcher Linie er stammtm ist noch nicht bekannt. So bekam der leibliche Sohn von Johann Georg II, Johann Martin, den Namen Ensinger. Anna starb am 18.12.1862 an Brustwassersucht. Mit diesem Mann, Johann Jakob Ensinger, hatte sie noch einen weiteren Sohn, der auch auf den Namen Johann Jakob getauft wurde.

Johann Martin Ensinger war Schumacher und heiratete am 24.1.1832 eine Agnes Magdalena Pfender aus Beuren.
Er starb am 27.11.1885 in Beuren. Sie hatten 7 Kinder:
a) Rosina geb. 16.10.1832
b) Anna Barbara geb. 20.6.1834
c) Ursula Magdalena geb. 10.5.1837
d) Frederica geb. 8.12.1839
e) Nicolaus geb. 24.1.1842
f) Pauline geb. 20.11.1844
g) Wilhelmina geb. 17.11.1847

Nur zwei Wochen später starb die Mutter, Agnes, Magdalena am 3.12.1847 an Milchversiegung.
Johann Martin heiratete ein zweites Mal. Am 23.11.1848 in Beuren die Auguste Caroline Wilhelmine Dörnacher, geboren am 22.10.1812, gestorben an Lungenentzündung am 20.11.1862. Aus dieser Ehe stammt Johann, Martin Jr. geboren 11.11.1849, gestorben 9.5.1922 in Beuren. Er war auch Schuhmacher.

xxx

14 Johann Georg III

Johann Georg III war Bauer und Kaufmann. Geboren am 27.4.1801 in Brucken. Er war 2 ½ Jahre alt, als sein Vater krank wurde und seine Eltern sich im Dezember 1803 scheiden ließen.

Seine Kindheit verbrachte er in Owen bei seiner Mutter und mit Bruder Michael, nachdem sie Brucken verlassen hatten und ein neues Domizil in Owen fanden.

Johann Georg III war noch nicht mal sieben Jahre alt, als sein Vater und Bruder im Februar 1808 innerhalb zweier Tage starben. So bekam J.G.III einen Vormund. Dies war sein Onkel Michael Loser und Johann Rabel aus Brucken.
Von seinem Vater erbte er 10873 Gulden, einschliesslich Grund und Boden. Durch den Tod seines Bruders erbte er dessen Teil, der auch von seinem Vater stammte. Die Erbschaft wurde von dem genannten Vormund verwaltet bis zum 14. Lebensjahr. Danach sollten die Verhältnisse neu bewertet werden. Volljährig wurden zu dieser Zeit die Personen erst mit 25 Jahren und dies war für Johann Georg III das Jahr 1826.

Johann Georg III ging in Owen zur Schule und wurde Bürger von diesem Ort. Nach dem Schulende mit 14 Jahren begann er eine Lehre als Kaufmann. Dies war im Jahr 1815. Drei Jahre später war er Kaufmann, konnte also ein Geschäft betreiben. Dazu benötigte er die Zustimmung seines Vormundes.
In der Zeit zwischen 1818 und 1824 betrieb er die Landwirtschaft im Gebiet Owen/Brucken. Am 20. Mai 1820 verstarb seine Mutter in Owen. Wie viel er hier geerbt hatte, ist noch nicht bekannt. Durch den Tod seiner Mutter trennten sich die Wege zwischen ihm und Friedrich Scheu. Dieser hat dann 1821 wieder geheiratet.

In den Jahren 1820 bis 1822 kam Johann Georg III öfter nach Böhringen zu seinen Tanten. Naturgemäss besuchte er auch die Wirtschaften. Unter anderem auch den Gasthof Hirschen. Er verliebte sich in eine Tochter von dem Hirschwirt.
1823 kaufte Joh. Georg III zwei Häuser in Böhringen, riss beide ab und baute ein neues Haus an diesen Platz. Es wurde 1826 be-

zugsfertig. Im Erdgeschoss hatte er einen Kaufladen eingerichtet, den er auch betrieb. Oben waren die Wohn- und Schlafräume. Er war aber auch noch im Hirschen aktiv, zusammen mit seiner Frau.

Am 16.11.1824 heiratete er die Anna Maria Carolina Schilling, dem Hirschwirt seine Tochter, aus Böhringen. Sie ist geboren 1804 und am 18.5.1865 verstorben. Zusammen hatten sie zwölf Kinder. Aber nur fünf Kinder wurden älter. Sie wohnten anfangs im Hirschen, bis der begonnene Hausbau 1826 bezugsfertig war. 1825 schon wurde Georg III als Hirschwirt bezeichnet. Er war jetzt 24 Jahre alt.

Es scheint, dass er eine gesicherte Zukunft hatte. Drei Jahre nach der Heirat hatte Johann Georg III 1827 ein uneheliches Kind. Dieser Sohn, Johannes Bächle, wurde später Schuhmacher in Donnstetten. Und wiederum später ca. 1887 hatte mein Großvater Lorenz August II bei diesem Johann Bächle das Schuhmacherhandwerk erlernt.

Die Mutter von Johannes Bächle war Maria Elisabeth Bächle, geboren 1793, gestorben 1858. Sie heiratete 1817 Adam Vatter. 1822 wurde sie Witwe. 1823 hatte sie eine uneheliche Tochter.

Haus von Johann, Georg III 1826 in Böhringen

Mit dem Schwiegervater, dem Hirschwirt, hatte Johann Georg III „Uneinigkeiten“, als er aber 1827 noch einen unehelichen Sohn bekam, musste er den Hirschen verlassen.

1840 heiratete die jüngste Tochter vom Hirschwirt, Rosina Schilling, den Lammwirts-Sohn aus Suppingen, Christoph Scheer. Dieser bekam den Hirschen zugesprochen, samt den Gütern, die der Hirschwirt besaß. Er bezahlte dafür 16000 Gulden. Johann Georg III und sein Schwager Scheer vertrugen sich nicht. 1849 verstarben Johann, Georgs III Schwiegereltern.

Es gab Erbstreitigkeiten. Und Rangquerelen in der Leih- und Zieler-Kasse. In heutigem Sprachgebrauch eine Art Dahrlehenskasse. Vorbild war mit Sicherheit die Raiffeisenkasse. Johann Georg III war dort Rechner. Er wurde aber vom Schwager Scheer, der den Vorsitz hatte, bald ausgebootet und abgesetzt.

Dies alles brachte den etwas jähzornigen Johann Georg III schließlich aus der Fassung. Über sein Leben gibt es eine ausführliche Dokumentation im „novum verlag“, „Das letzte Fallbeil“.

xxx

Johann Georg III hatte, wie oben erwähnt, zwölf Kinder mit seiner Ehefrau. Die Namen von sieben Kindern sind bekannt. Aber nur fünf Kinder wurden älter.
1. Albert, geboren ca. 1826, gestorben 1848, ist auf der Wanderschaft in Sachsen vom Blitz erschlagen worden.

2. Jüngster Bruder, geboren ?, gestorben ? Er war taubstumm, und im Bruderhaus von Urach untergebracht. Dort ist er auch gestorben.

3. Carolina, geboren am 18.1.1827 und 1884 gestorben.
Die erste Ehe von Carolina war mit Fr. Habisreutinger. Er war Landjäger. Sie hatten eine Tochter, Marie, welche einen Lengle heiratete.
In zweiter Ehe heiratete Carolina den Jakob David Schilling.
Er war ein Großbauer, hatte 4 bis 6 Pferde und wurde Müller Schilling genannt.

4. Gustav ist am 21.7.1832 geboren und 1866 in Locle, Neuchatel Schweiz ledig verstorben. Er war Uhrmacher.

5. Georg Ludwig ist am 29.10.1833 geboren, und am 3.10.1914 verstorben. Er wurde auch Lui-Vetter genannt, war Kaufmann und hatte den Laden im unteren Stock des Hauses. Geheiratet hatte er 1864 die Rosina Höslin. Sie ist 1837 geboren und 1918 gestorben. Sie hatten ein Kind, das nach 6 Monaten verstarb.

6. Eva Maria Christiane, geboren am 16.11.1836, und im Dezember 1883 in Urach gestorben. Sie war mit dem Färber Greiner aus Urach verheiratet.
Sie hatten eine Tochter, die „Nannerl" genannt wurde. Sie wurde nur 3 bis 4 Jahre alt.

7. Lorenz August I, geboren 17.8.1839 gestorben 27.8.1904

xxx

15 Lorenz August I

geboren 17.8.1839 in Böhringen. Gestorben am 27.8.1904 in Böhringen. Er heiratete am 12.4.1864 die Maria Katharina Bösch, geboren 11.5.1841, gestorben am 24.12.1909. Sie war die älteste Tochter vom Schmiedemeister Johann Georg Bösch und dessen erster Ehe mit der Rosine geborene Kächele.
Deren Vater Michael Kächele, geb. 1786, gest. 1844, war ebenfalls Schmied.
Lorenz August I und Katharina hatten zehn Kinder. Zwei Kinder starben im Alter von 5 und 3 Jahren. Die anderen acht hatten sich verheiratet.

xxx

Das **erste Kind** war ein Sohn. **Johann Georg IV**. ist am 27.9.1864 in Böhringen geboren. Studierte das Lehramt in Tübingen und war an verschiedenen Orten als Lehrer tätig.
Joh. Georg IV hatte ein Buch verfasst: **„Aufzeichnungen aus meinem Leben"**. Dieses Buch ist im Verlag Barbara Knirsch 1991 erschienen. Er heiratete am 29.8.1889 Babette Bögel aus Mehrstetten. Sie ist 1866 geboren und 1936 verstorben. Johann Georg IV verstarb 1936.
Aus dieser Lehrerfamilie kamen sieben Kinder zur Welt.

Johann, Georg IV

xxx

1.1) Ludwig, geboren 4.7.1890. Im Ersten Weltkrieg 1918 gefallen.

1.2) Paul, geboren 1891. Ebenfalls im Ersten Weltkrieg 1918 gefallen.

1.3) Max, geboren 1892. Er heiratete 1941 eine Martha. Und deren Tochter ist Elisabeth, die 1943 geboren wurde. Sie ist verheiratet mit einem Jentsch.

1.4) Else, geboren 1893, heiratete einen Schefold.

1.5) Gustav, geboren 1896. Von ihm weiß ich, dass er Buchhändler in Ulm war. Beim Landesturnfest, war es 1955? haben wir, mein Vater und ich, Gustav, besucht.

Dann war da noch

1.6) Otto, geboren 1899. Er war Pfarrer, auch unter anderem in Stuttgart. Er hatte in Nellingen a/F meine Grossmutter im Nov. 1941 mit einem Gebet aus dem Haus geleitet. Er lebte zuletzt in Ulm.

1.7) Eine **Fani,** geboren in Zizishausen/Nürtingen. Sie ist nach nur 8 Tagen auf dieser Erde gestorben. Dort war Johann Georg IV auch Lehrer.

xxx

Als **2. Kind** von Lorenz August I ist **Friedrich** am 8. Novem-ber **1865** geboren worden. Gestorben ist er am 6.7.1943. Er war Bauer in Böhringen. Und heiratete 1892 Margarete Loser, die 1864 geboren ist. Diese Ehe hatte keine Kinder. Margarete starb 1939.

xxx

Der **3. Knabe** war unser **Ähne. Lorenz August II**.
Geboren am 9.3.**1873** in Böhringen. **(Siehe Kapitel 17)**

xxx.

Die **4., Anna Maria**, geboren 1868. Sie hatte eine Tochter Karoline, diese wohnte in Möhringen. Karoline selbst hatte zwei Töchter: Erna und Klara.

xxx

Die **5., Rosina**, geboren 1869, sie wohnte in Stuttgart.
Ihre 7 Kinder waren:
a) Ludwig August
b) Friedrich, der eine Tochter Else und einen Sohn Werner hatte.
c) Sofie,
d) Klara und
e) Elsa, Sie war mit Karl Günther Schneidermeister verheiratet. Diese wiederum haben einen Sohn Wolfgang.
f) Julie mit 5 Jahren gestorben
g) Jakob mit 3 Jahren. gestorben

xxx

Als **6., Karolina**, die in Dottingen wohnte und mit einem Manz verheiratet war. Sie hatten zwei Kinder: Rösle und Käthe. Rösle wohnte in Dapfen. Weitere Angaben von ihr fehlen. Und Käthe war mit dem Bauunternehmer Mack verheiratet. Sie hatten auch zwei Kinder. Einen Hans und eine Gretel. Mir ist noch in Erinnerung, dass die Familie im Gasthaus Herzog Karl in Nellingen a/F. im obersten Stock wohnte. Dies war ca. 1935. Gretel ist verheiratet und wohnt in Neubulach.

xxx

Und **als 7., Gottliebin** geboren 1877. Wohnte in Pfullingen.

xxx

Zuletzt **die 8., Katharina,** sie wurde 1879 geboren. Verheiratet in erster Ehe mit Adam Müller. Als Witwe ging sie nach Neuffen und heiratete ein zweites Mal. Sie hatte aus der zweiten Ehe eine Tochter, die Rösle getauft wurde.
Und diese Rösle wiederum heiratete den Jakob Gentner aus Neuffen. Er war Feldschütz und Maler von Beruf.
Ein Sohn muss im Zweiten Weltkrieg gefallen sein.
Die Tochter Gretel heiratete den Witwer Karl Günther aus Möhringen (Schneider) nach dem Tod von **Nr. 5 e) Elsa** (Gretel * 1932 war so alt wie ich W.A.H.)

xxx

16 Lorenz August II

Lorenz August II geb. 9.3.1873 , gest. 28.2.1958

Lorenz August II, geboren am 9.3.1873 in Böhringen, erlernte das Schuhmacherhandwerk in Dottingen/Alb, bei Johannes Bächle. Eben diesem Bächle, der als unehelicher Sohn des J. Georg III im Jahr 1827 geboren wurde.
Aufgewachsen ist mein Ähne mit sieben Geschwistern. Zwei Buben und fünf Mädchen. Zwei Kinder sind im Alter von 3 Jahren, Jakob, und 5 Jahren, Julie, gestorben.

Als Ähne mit der Lehre fertig war, ging er nach Nellingen a/F., vermutlich in den Jahren 1897 bis 1898. Er brachte nur seine Handwerkskunst und sein Handwerkszeug mit. Vielleicht hatte er einige Reichsmark in der Tasche. Dies war aber schon alles.

In Nellingen arbeitete er zunächst bei Schuhmacher Haug in der Kaiserstraße. Hatte er dort auch logiert? Er lernte Marie Magdalena Mauz kennen. Am 4.4.1899 heirateten sie. In dieser Zeit machte er sich dann selbstständig.

Im Gegensatz zu Ähne brachte die Ahne Grundstücke mit in die Ehe. So war für die kommende Kinderschar durch eine Landwirtschaft die Ernährung gesichert. Aber zunächst musste noch das notwendige Haus erstellt werden. Es steht in Nellingen a/F. der Kaiserstraße 35.

Hier in diesem Haus sind acht Kinder großgezogen worden. Das Fenster unten links war die Werkstatt von Ähne. Seine Spezialität waren feine Leder-Rohrstiefel. Über seine Kindheit hat mein Ähne mit mir nicht gesprochen. Ebenso wenig über die Verwandtschaft von der Alb. Es hing sicherlich mit seinem Großvater zusammen, Dem Johann Georg II. Dieser hatte von 1801 bis 1854 gelebt. Dass er nicht älter als 53 Jahre alt wurde, wird in meiner Kriminalgeschichte erzählt. Von meinem Vater und auch von dessen Geschwister habe ich nie ein Wort darüber vernommen.

xxx

In einer Familie konnte nur ein Sohn etwas studieren oder dieser erbte den Hof. Alle anderen Nachkommen durften einen Beruf erlernen, sofern ihre Fähigkeiten ausreichten, der zweite wurde Bauer und der dritte Sohn eben, wenn er begabt war, konnte ein Handwerk lernen.

Wenn ich meinen Ähne besuchte, so war dies in der Regel so, dass ich ihm unsere Schuhe zur Reparatur brachte. Im Winter ist beim Schlittschuh laufen an meinen Stiefeln immer der Absatz abgerissen. Da konnte ich nur zu ihm gehen. Dann setzte ich mich zu ihm an seinen Arbeitsplatz, bis er den Stiefel fertig hatte. Oder er schickte mich mit reparierten Schuhen zu den entsprechenden Kunden. Auf den Sohlen stand der Preis für die Reparatur. Ich sollte ja das Geld gleich mitbringen.

So stellte ich fest, dass er nicht allzu üppig leben konnte. Er musste sparen. Ab und an holte ich ihm von der Liesel Vogt eine Ecke Backsteinkäse oder im Herzog Karl ein Endstück Wurst. Das war billiger.

Aus der Schublade nahm er das Brot, und eine Zwiebel. Vom Regal an der Wand holte er Salz. Das Salz war in einer Muschel. Für die Zubereitung nahm er sein Taschenmesser. Schwarzbrot mit Zwiebel und Salz. Diese Konstellation gab es des Öfteren. Dazu ein Glas Most. Ein wohliges Grinsen von Ähne ließ erahnen, dass er ein ausgeglichener Mensch mit Humor war. Wenn dies auch nicht alle mitbekommen haben. Ich selbst esse und trinke dies ebenso gern. Erbgut oder Gene? Eben gesund.

Im Zinsholz, vor der Sportschule Ruit, machte der Ähne Holz. Dies geschah alle zwei bis drei Jahre. Je nachdem, wie der Holzverbrauch war. Die Hecken durfte er niedermachen, dickere Äste aus den Gebüschen wurden abgesägt, zerkleinert und auf dem Handkarren nach Nellingen gefahren. Da die Landwirtschaft von

Ähne nie betrieben wurde, und nach dem Tod der Ahne die Äcker und Wiesen den Kindern übergeben waren, wurden die Scheune und der Stall leer.

Das letzte Stück Vieh verkaufte er in Köngen auf dem Pfingstmarkt. Ich war dabei. Und als ich zwischen den Kühen war, flog ich in hohem Bogen nach hinten. Die Kuh versetzte mir einen Stoß. Habe ich geweint? Anschließend gingen wir zum Trost in die Wirtschaft. Viel gab es nicht. Immerhin stand uns ein Heimweg von ca. 7 bis 8 km noch bevor. Was und wie viel hatte Ähne für die Kuh bekommen?

Im Garten von Ähne standen zwei Kirschbäume. Eine Hedelfinger Rote und eine Türkische Gelbe. Letztere war erst im Juli, August reif. Die Leiter war seitlich am Baum abgestellt. Es hinderte uns Enkel nicht daran, auf den Baum zu kommen. Allerdings waren wir bei dieser Aktion immer zu dritt oder viert. Es waren meine Vetter, Erwin, Albert und Ludwig. Einer musste Schmiere stehen. Und dies war immer der Erwin, der Älteste.
Um diese Jahreszeit war aber der Ähne auf der Hut, wenn wir um das Haus schlichen. Wenn er uns sah, ging es ab über die Zäune und angrenzenden Gärten in das Schlangenwegle. Schlangenwegle deshalb, weil die Grundstücke wie in einem Irrgarten schlangenförmig aneinander gefügt waren. Es ging mal nach rechts, dann nach links oder geradeaus. Erwischt hatte er uns nie.

Am 9. März 1943 wurde Ähne 70 Jahre alt. An diesem Tag erfüllte er sich den Wunsch, das Schlachthaus in Esslingen zu besichtigen. Vielleicht erhoffte er sich ein Schönes Vesper. Auf alle Fälle war er nicht zu Hause, als seine Kinder ihn besuchen wollten. Acht Kinder hätten ihrem Vater doch ein schönes Essen bieten können. Die zugewiesenen rationierten Essenmarken im Krieg für jede Person waren sicherlich der Grund dafür. Aber aus acht Familien ließe sich das eine oder andere bewerkstelligen. Ähne hatte kein Geld, alle zu verköstigen.

Ein Fußmarsch nach Esslingen, nach Neuffen oder nach Möhringen war für ihn kein Problem. Jeweils bewältigte er dies an einem Tag. Bis in die achtziger Jahre hatte er dies so gehalten. Mit 83 Jahren allerdings ist er gefallen. Und von dieser Zeit ab ist er zu Hause geblieben. Er hatte sich den Oberhalsschenkel an einem Bein gebrochen.

Am 16.11.1941 verstarb die Ahne in Nellingen. Und am 28.2.1958 schloss der Ähne für immer seine Augen. Er war ein „Älbler“, ein etwas knorriger, hagerer, großer Mann. Er hatte auch Humor und war doch selbstbewusst und ehrlich. Ich mochte ihn.

xxx

17. Generation nach Ulrich

Dies sind die acht Kinder von Lorenz, August II

Das **erste Kind** unserer Großeltern aus Nellingen war
17/1 Ludwig. geboren am 23.1.1901, gest.
Onkel Ludwig war Eisendreher bei Daimler in Untertürkheim und musste 1944 noch in den Krieg. Er heiratete eine Bertha Krieg von Dottingen /Alb. Geboren. 14.4.1903, gest. .....
Mutter Bertha kam aus einer Schäferfamilie. Sie hatten vier Kinder.

1) Berta Jr. geboren 11.6.1929 in Nellingen a/F. .....Heiratete Hans Steinemann geb. gest. ......
2) Ludwig, Georg Jr., geboren 7.2.1931 in Nellingen..a/F. gestorben 26.1.2015 in Kaiserslautern. Schon sehr früh war für Lud-

wig Jr. die Zukunft bestimmt. Er musste Schäfer werden. Er hatte dies durchaus mit großem Erfolg gemeistert. Im ganzen Bundesgebiet und im Ausland war sein Rat gefragt. Er hatte keine Kinder und war zwei Mal verheiratet. Sein Nachlass wurde der Stadt Münsingen übergeben. Das Archiv der Schäferei wurde durch zahlreiche Urkunden, und Pokalen etc. erweitert. In Landes- und Bundesgremien war er vertreten. Er bekam für seine Verdienste um die Schafzucht das Bundesverdienstkreuz.
3) **Roland**, geboren 28.7.1938 in Nellingen a/F. Prof. Dr. im Sozialbereich. Verheiratet mit Ursula geboren 29.6.1938.
4) **Marianne**, geboren 19.1.1944 in Nellingen a/F.

xxx

17/2 zweites **Kind** war die **Marie**, geboren 16.2.1902.
Gestorben inNellingen a/F
Sie heiratete den Emil Straßer aus Hedelfingen. Geboren 3.4.1903, gestorben 1953. Sie hatten 4 Kinder:
1) **Erwin** geboren ..... gestorben ..... Verheiratet mit Hermine geboren 22.9.1934 in Berkheim.
2) **Albert**, geboren 1.12.1929 in Nellingen, gestorben ..... Verheiratet mit Erna geboren 2.7.1928 in Denkendorf Gestorben .....
3) **Else**, geboren 22.6.1931. in Nellingen a/F. Verheiratet ...... mit Günther Faustmann, geboren 14.6.1931
4) **Walter**, geboren 26.3.1942 in Nellingen, gestorben ...... Verheiratet mit Heidi, geboren 21.5.1945.

xxx

17/3 drittes **Kind** war der **Gottlob.** Er ist geboren .... 31.12.1903, gestorben .... Heiratete die Pauline, ... geborene Fischer aus Grafenberg, eine Kusine meiner Mutter. Ihre Mutter und meine Grossmutter .... waren Schwestern, geborene Hertle aus Berkheim. .... Pauline, geboren 18.1.1912 , gestorben Gottlob arbeitete bei meinem Vater im Werkzeugbau von ...... Daimler-Untertürkheim. Sie hatten 2 Söhne.

1) **Dieter**, geboren 12.2.1936 in Nellingen Verheiratet .... mit Helene geboren 14.8.1937

2) **Siegfried**, geboren 6.7.1945 in Nellingen Er hatte einen Tumor im Kopf und ist am 29.10. 2015 daran gestorben. Verheiratet mit Ellen geboren 22.1.1947. ...... Er hinterließ einen Sohn, Frank, der eine weitere Linie ...... fortführen kann. Und eine Tochter, Tania.

xxx

17/4 fünftes **Kind Luise**, geboren 9.4.1908, gestorben .... Sie heiratete den Witwer Emil Münzenmaier aus Köngen Geboren 4.1.1896 gestorben ...... Luise hatte mit ihm 2 Töchter,

1) **Doris**, geboren ...... gestorben ......

2) **Gretel**, geboren 25.8.1848, heiratete Jürgen Förster aus Bad Mergentheim, geboren 29.6.1938

3) **Vetter Günther** ist aus erster Ehe von Emil Münzenmaier. Geboren 13.8.1935 in Köngen. Heiratete Maria Stegmaier aus Nellingen a/F. Geboren 30.10.1933.

xxx

17/5 sechstes **Kind Anna**, geboren am 10.6.1909, gestorben ..... Sie heiratete Fritz Deuble aus Berkheim. Geboren ..... 31.12.1907. Gestorben ...... Sie hatten eine Tochter **Helga** geboren 18.9.1941 in Berkheim. Heiratete am 7.11.1940 Siegfried Dolde

xxx

17/6 siebte**s Kind** war der **Hermann,** geboren 30.3.1911. .... Gestorben .... Er war Maler von Beruf. Diesen Beruf konnte er nur bis ca. 1948 ausüben. Ein Tumor im Kopf wurde erfolgreich im Katharinen-Hospital Stuttgart ...... operiert. Er heiratete Anna Strauß aus Denkendorf, geboren 30.4.1907, gestorben ..... Sie hatten zwei Töchter,

1) Heidi, geboren 1.11.1940, verheiratet mit Werner Keil .... geboren 12.4.1937

2) Gertrud, geboren 11.2.1943, verheiratet mit Hermann .... Noller geboren 24.11.1939

xxx

17/7 achtes **Kind** war **Elsa**. Sie ist geboren am 6.12.1919, in .... Nellingen gestorben. Sie heiratete Gustav.Schmid aus Ehningen. Geboren .... gestorben .... Aus dieser Ehe gingen 5 Kinder hervor.

1) Gerda, geboren 28.10.1942, verheiratet mit Otto Stach geboren 22.10.1941

2) Heinz, geboren 2.1.1945, verheiratet mit Ursel, geboren 15.3.1945

3) Helga, geboren 4.10. 1946, verheiratet mit Herbert .... Klein, geboren 27.1.1940

4) Inge, geboren 21.4.1948, verheiratet mit Gerd .... Wankmüller geboren 27.11.1943

5) Marianne, geboren 16.7.1949, verheiratet mit .... Herbert Klaubauf geboren 13.12.1944

xxx

17/8 Als **viertes Kind**, mein Vater **August Lorenz**

August Lorenz, geb. 8.2.1905, gest. 6.3.1990

Unser Vater, August Lorenz, wurde in Nellingen a/F. als 4. Kind am 8. 2. 1905 geboren. Er machte ab 1919 eine Lehre als Mechaniker in Esslingen bei Fa. Stiefelmaier. 1922 bis 23 war die Lehre zu Ende und die Inflation stand vor der Tür. Er wechselte zu verschiedenen Firmen, bis er 1923 in der Inflationszeit auch arbeitslos wurde. Arbeiten im Steinbruch / beim Bau der Straßenbahn von Nellingen nach Esslingen halfen ihm, diese Zeit zu überstehen. Eine Knochenarbeit. Ein Kämpfer war er allemal.

Aufgeben war für ihn ein Fremdwort. Wann Vater nach Untertürkheim zu Daimler kam, weiß ich nicht. Ich vermute, um 1925. Wie erwähnt, war mein Vater sportlich veranlagt. So gründete er im TVN mit gleichgesinnten Kameraden eine Handball-Mannschaft. Er stand im Tor und engagierte sich im Turnverein Nellingen. Am 17.10.1931 heiratete er Elsa, Mina Kleinknecht aus Berkheim.

Sie hatten drei Kinder

1) Werner, August, Hermann geboren 13.5.1932 Stuttgart

2) Waltraud, Klara geboren8.11.1934 Eßlingen

3) Wilfried, Gerhard geboren 19.5.1936 Eßlingen

Vater war Vorarbeiter im Werkzeugbau bei Daimler und jetzt war bei ihm der Ehrgeiz geweckt. Er wollte mehr. So erarbeitete er sich in Abendlehrgängen die notwendigen Kenntnisse für die Meisterprüfung. Er wurde Meister und ca. 1938 Obermeister im Werkzeugbau von Daimler.

1945 bei Kriegsende musste er diese Stelle verlassen und war arbeitslos. Arbeit fand er beim Bauern in der Landwirtschaft. Alle Arbeiten, die in der Landwirtschaft anfallen, kannte er ja von zu Hause. Nach der Entnazifizierung bekam er 1946 bei Hirschmann in Eßlingen eine Stelle als Werkzeugmacher. 1948 wurde er dann wieder als Obermeister in der Firma angestellt. Diese Position begleitete er dann bis zu seiner Pensionierung.

xxx

18. Generation 21 Enkel (Vetter und Basen)

Zusammen wurden es 21 Basen und Vettern, die wiederum auch für Nachwuchs gesorgt haben. Erwähnenswert ist, dass wir in Abständen Vetterles-Treffen veranstalten.

Diese Treffen sind immer aufschlussreich und unterhaltsam. In geselliger Runde wird die Vergangenheit angesprochen, erzählt und diskutiert.

Diese Generation ist aufgewachsen im Dritten Reich. Vetter Albert musste mit 15 Jahren noch den grauen Frack anziehen und 1944 bei der Flak den Feind abwehren. Er war der Einzige, der somit von den Vettern im Krieg war.

Vetterlestreffen

Ein Foto aus dem Jahre 2009 in Nellingen a./F

Auch im Jahr 2013 wurde dieses Treffen am 5. Oktober in Nellingen, „Alte Wache“, veranstaltet. Der Ort ist uns aus der Kindheit noch sehr vertraut. Dies war der Eingang zum damaligen Flugplatz. Die Flieger Me 109 waren hier stationiert.
Und nach dem Krieg holten und lieferten wir die Wäsche der amerikanischen Soldaten ab. Unsere, oder besser gesagt die Arbeit der Mütter wurde mit Kaffee, Seife, Schokolade, Zigaretten oder auch Kaugummi entgolten.

Bei diesem Vetterlestreffen in Nellingen habe ich meine bis heute beschriebenen Unterlagen „Kirchenbaumeister“ vorgestellt. Die Ahnentafel und die vorgetragenen Texte fanden reges Interesse. Es wird der Versuch unternommen, im Jahr 2015, der 125 Jahrfeier des Ulmer Münsters, ein Vetterlestreffen zu veranstalten.

Vetter Ludwig aus Kaiserslautern, meine Frau Magda und ich rechts (stehend) Günther im Hintergrund Waltraud Wolfgang

Willenskraft, Ausdauer und geschichtlicher Auftrag, auch im Sozialbereich sind die Eigenschaften und auch eine Verpflichtung unserer Familien. Dies wurde schon von Ulrich an allen seinen Wirkungsstätten gelebt. Ich bin mir sicher, dass es heute und in Zukunft welche unter uns geben wird, die sich in dieser Tradition wiederfinden.

xxx

18/1) Werner August Hermann

Werner August Hermann geb.13.5.1932 Stuttgart

Aus den Erzählungen meiner Mutter weiß ich zu berichten: Am 13. Mai 1932 wurde ich in Stuttgart geboren. Es war ein Freitag, die Sonne schien und der weiße Flieder blühte. Mit drei Jahren besuchte ich den Kindergarten und anschließend acht Jahre die Volksschule in Nellingen. Vater baute 1952 in der Schwabstraße ein Haus, das dann unser Zuhause war. Hier sind auch meine Geschwister Waltraud, geb. 8.11.1934, und Wilfried, geb. 19.5.1936, aufgewachsen.

Im März 1947 war meine Konfirmation und anschließend ab April begann die Lehre als Werkzeugmacher. 3 ½ Jahre in Esslingen a/N. bei der Firma Hirschmann.
Ab 1953 besuchte ich REFA-Lehrgänge und machte 1954 die Meisterprüfung. Bei Hirschmann war ich dann zunächst Meister und anschließend Kalkulator bis 1959.

1957 heiratete ich Magda geb. Kögler. Unser erster Sohn Joachim wurde am 16.06.1958 in Esslingen geboren. Zusammen wohnten wir in Nellingen im Haus des Vaters bis Februar 1959. Dann übersiedelten wir nach Vorarlberg-Österreich. Unsere Firma eröffnete einen Zweigbetrieb in Rankweil. Ein erlebnisreiches Leben erwartete uns.

Unser zweiter Sohn Matthias ist in Dornbirn – Österreich – am 15.5.1962 geboren. Nach dem Studium zum REFA-Ing. (1962-1963) gingen wir wieder zurück nach Deutschland. Es folgten zwei neue Tätigkeiten mit anschließender Selbstständigkeit. Meine Tätigkeit als Unternehmensberater und Konstrukteur von Werkzeugen wurde ergänzt mit der Lehrtätigkeit bei REFA.

Der dritte Sohn Eberhard ist am 30.01.1970 in Böblingen geboren. 1977 neue Herausforderung als Betriebsleiter, in einem Werkzeugbau. Übersiedlung und Hausbau in Niederstetten. Ab 1989 letzter Wechsel im Berufsleben nach Essen-Gladbeck für fünf Jahre als Technischer Leiter.
Seit 1994 genieße ich das Rentnerdasein, und die REFA-Lehrertätigkeit beendete ich ca. 1998. Kaum vier Monate zu Hause, nahm ich Aufgaben im Ausland bei SES, dem Senioren-Experten-Service wahr.

Joachim, geboren 16.6.1958 in Eßlingen, .verheiratet mit Andrea Böhm geboren 6.11.1961 Sie haben zwei Kinder
Margret, geboren 13.5.1993, Zürich
Rudi, Martin, geboren 21.5.1999 Ulm

Matthias, geboren. 15.5.1962 in Dornbiern- Österreich,
heiratete Gabriele Behrens geboren 15.2.1962 Sie haben zwei Kinder
Karen, geboren 29.7.1991 Grabs, CH
Ingrid, geboren 1.4.1993 Grabs, CH

Eberhard, geboren 30.1.1970 in Böblingen, heiratete .... Andrea Biedermann geboren 22.5.1975. Sie haben zwei Kinder

Helen, geboren 26.4.2003 Krumbach
Susann, geboren 9.8.2006 Tübingen
Erik-Veltin, geboren 3.2.2010 Ulm

Alle drei Söhne studierten an der UNI in Stuttgart. Joachim und Eberhard sind Dipl Ing. im Maschinenbau und Kunststofftechnik. Beide sind in ihren Firmen in leitender, verantwortungsvoller Position.
Matthias ist Dipl. Ing. im Wasserbau, Statik, Brückenbau, und Leiter von einem Planungsbüro sowie Richter im Kanton St. Gallen, CH. Matthias setzt demnach die Nachfolge der Kirchenbaumeister im Bauwesen fort. Sind es doch die Gene, die sich vererben und durchsetzen?
Die Fortführung der Tradition obliegt nun den Enkeln.

Eberhard Joachim Matthias

xxx

18/2) Meine Schwester **Waltraud** geboren am 8.11.1934 in Eßlingen. Heiratete 1958 Wolfgang Balbach aus Esslingen. Geboren 4.4. 1936. Sie wohnen in Nufringen, im Landkreis Böblingen, und haben 2 Söhne,

Ulrich geboren 5.12.1961. Er hat zwei Kinder.

Jörg geboren 27.8.1965.

Waltraud machte eine Lehre als Verkäuferin in einem Juweliergeschäft. Übte diesen Beruf nach der Geburt ihres ersten Sohnes jedoch nicht mehr aus. Die Familie wohnte bis ca. 1967 im Elternhaus –Nellingen a/F.

xxx

18/3) Mein Bruder **Wilfried**, geboren am 19.5.1936 in Eßlingen. Heiratete 1963 Martha Graber aus Rankweil, Vorarlberg. Sie ist geboren am 7.7.1940, gestorben am 27.6.2017 in Rottenburg, Landkreis Tübingen. Sie haben 4 Kinder.

Klaus, geboren 27.1.1965 Verheiratet mit Irmgard geboren 28.4.1965 in der Schweiz. Sie hat 2 Kinder aus 1. Ehe.

Thomas, geboren 10.7.1975 in Brasilien. Verheiratet mit Karin, geboren 17.11.1976, sie haben 2 Kinder

Evi, geboren 14.3.1966. Sie hat vier Kinder

Edith, geboren 28.10.1970 verheiratet mit Franz Holzberger geboren 1.1.1969. Sie haben drei Kinder.

Wilfried erlernte den Beruf des Werkzeugmachers ebenfalls bei der Fa. Hirschmann. Machte die Meisterprüfung, besuchte die REFA-Lehrgänge mit Abschluss als Refa-Ing. Anschließend machte er ein Studium zum Techniker. Es folgte eine aktive und erfolgreiche Tätigkeit in einem Unternehmen. Im Jahr 1966 gründete er das Unternehmen „Ensinger“, das weltweit tätig ist.

Aus den Familien meiner Geschwister gibt es keine männlichen Nachkommen mit dem Namen Ensinger. Deshalb ist diese Linie nicht weiter beschrieben, so wie dies auch bei den vorherigen Nebenlinien ist.
In meiner Biografie, „Leben und Erfahrungen eines 85jährigen Schwaben", ist über die Familie des August Lorenz II und seine Nachkommen ausführlich berichtet.

Ein Besuch bei Wilfried in Rottenburg im Februar 2020 war eine schöne Erinnerung. Gespräche über alte Zeiten und das bevorstehende 900 jährige Jubiläum in der alten Heimat Nellingen a./F. bestätigte die innere Bindung der Familie Ensinger. Wir bitten unseren Herrgott um weitere Zusammenkünfte und eine machbare, gnädige Zukunft der Nachkommen.

Schlusswort

Von Ulrich, 1350, bis Erik Veltin IV, 2010, sind es 21 Generationen. Es wurden Personen, ihre Berufe und Familien beschrieben. Ich verneige mich vor meinen Ahnen und werde sie in Ehren halten. Sollte der eine oder andere bei den Nachforschungen und Beiträgen zu kurz gekommen oder seine Biografie unvollständig sein, so bitte ich um Nachsicht.

Die lebenden Familienmitglieder werden hier nicht weiter beschrieben. Das soll meinen Nachkommen vorbehalten bleiben. Wenn es unserem Herrgott gefällt, dann können meine Enkel Rudi Martin, heute 18 Jahre alt, und Erik-Veltin IV, heute 7 Jahre alt, den Stammbaum ergänzen.
Am 3.Mai 2017 feierten wir die Diamantene Hochzeit, und am 13. Mai meinen 85. Geburtstag.

WAH Ensinger, im Mai 2019

Anhang
Ahnentafel Ulrich –Veltin I
Gliederung Ulrich bis Erik Veltin
Direkte Nachfahren (Hauptlinie)
Vollendung des Münsterturmes 31.Mai 1890
Münster Turm Jubiläum 2015 ULM
600 ter Todestag von Ulrich 10.2.2019 ULM

Ulrich Ensinger, 1350-1419, Kirchenbaumeister bis Veltin I, 1530-1570

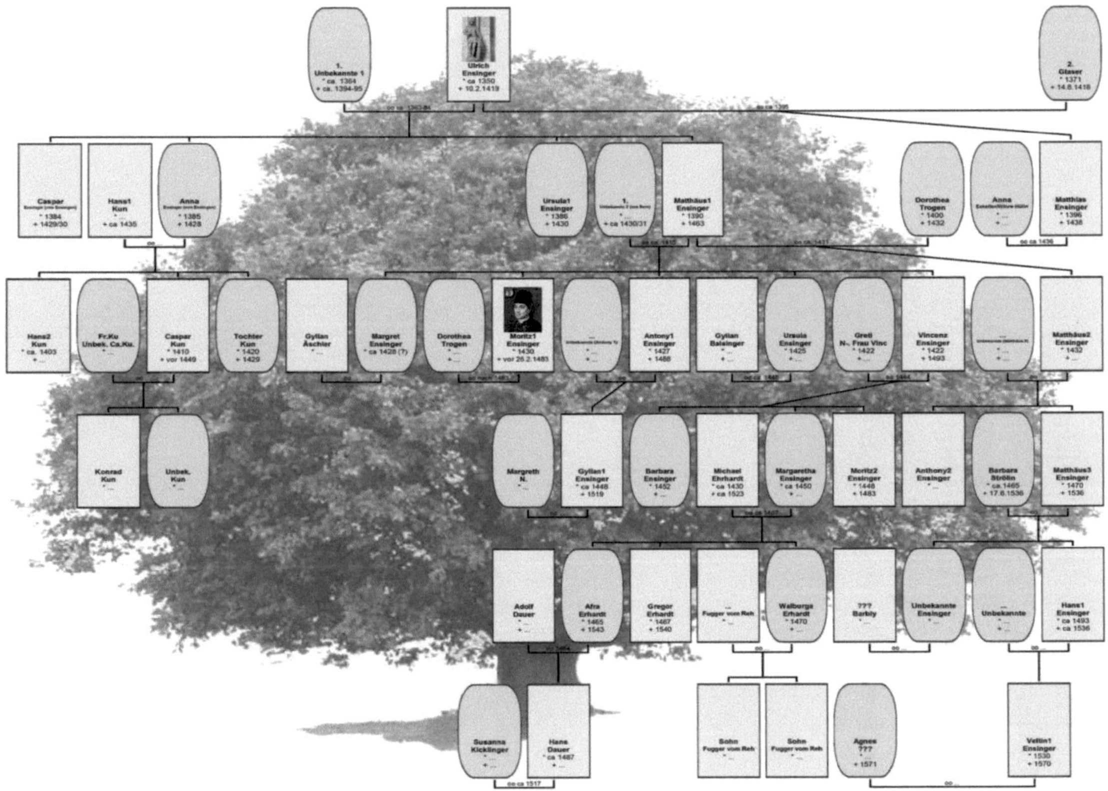

Gliederung

Knoten 1

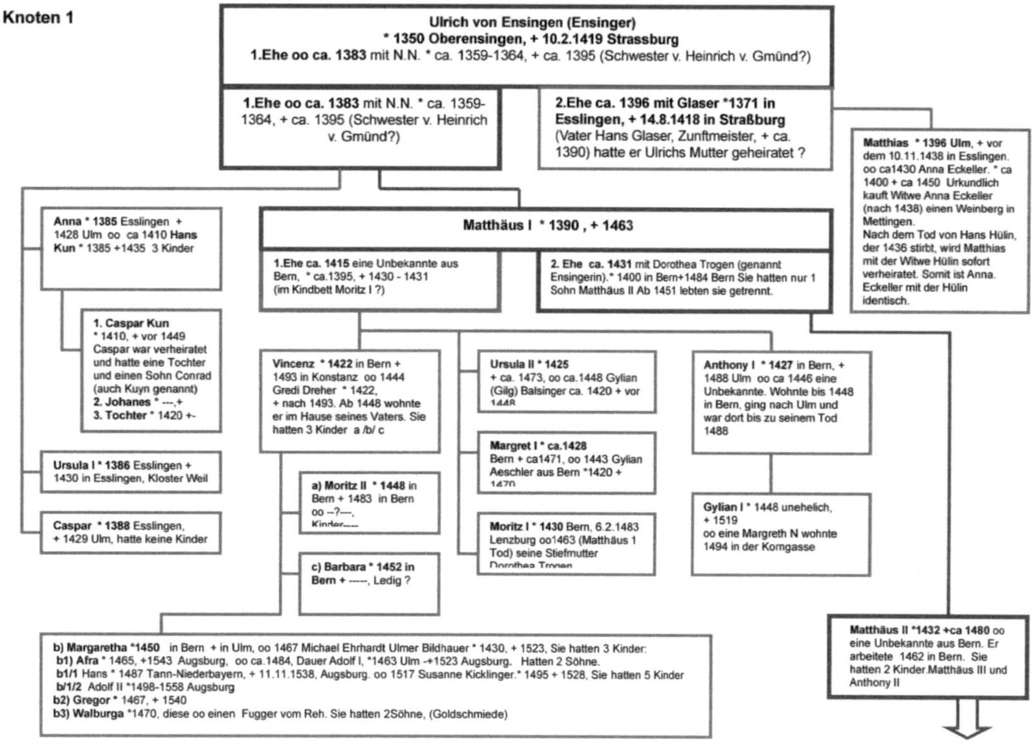

Knoten 2

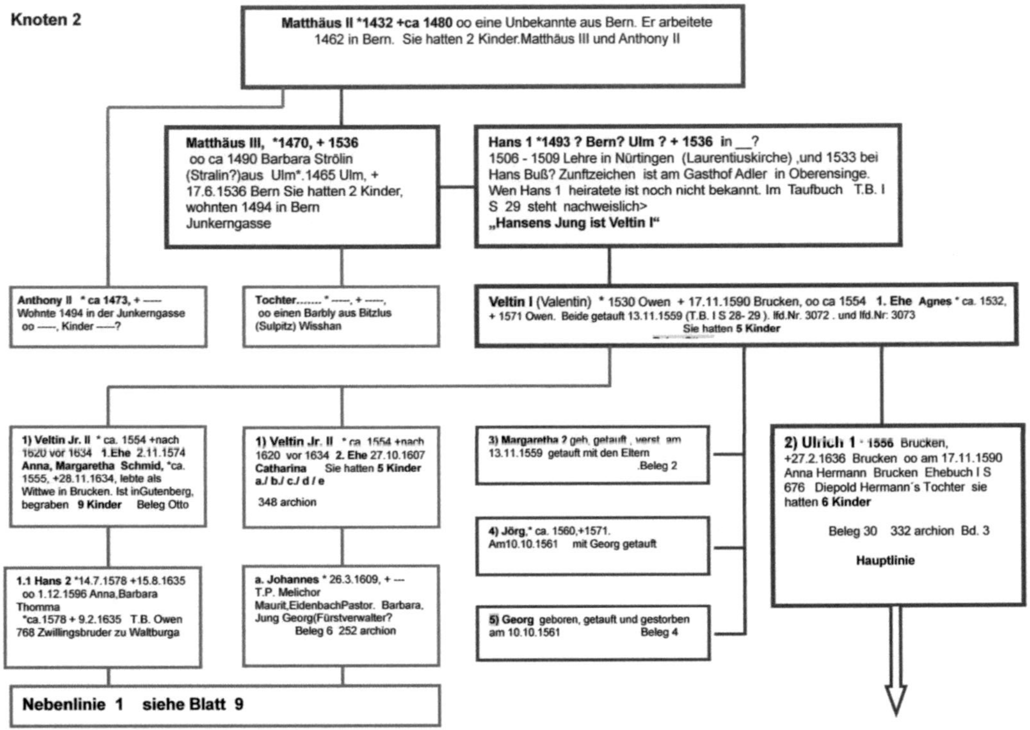
Matthäus II *1432 +ca 1480 oo eine Unbekannte aus Bern. Er arbeitete 1462 in Bern. Sie hatten 2 Kinder.Matthäus III und Anthony II
Matthäus III, *1470, + 1536 oo ca 1490 Barbara Strölin (Stralin?)aus Ulm*.1465 Ulm, + 17.6.1536 Bern Sie hatten 2 Kinder, wohnten 1494 in Bern Junkerngasse
Hans 1 *1493 ? Bern? Ulm ? + 1536 in __?
1506 - 1509 Lehre in Nürtingen (Laurentiuskirche) ,und 1533 bei Hans Buß? Zunftzeichen ist am Gasthof Adler in Oberensinge. Wen Hans 1 heiratete ist noch nicht bekannt. Im Taufbuch T.B. I S 29 steht nachweislich>
„Hansens Jung ist Veltin I“
Anthony II * ca 1473, + —— Wohnte 1494 in der Junkerngasse oo ——, Kinder ——?
Tochter....... * ----, + ----, oo einen Barbly aus Bitzlus (Sulpitz) Wisshan
Veltin I (Valentin) * 1530 Owen + 17.11.1590 Brucken, oo ca 1554 1. Ehe Agnes * ca. 1532, + 1571 Owen. Beide getauft 13.11.1559 (T.B. I S 28- 29). lfd.Nr. 3072 . und lfd.Nr: 3073
Sie hatten 5 Kinder
1) Veltin Jr. II * ca. 1554 +nach 1620 vor 1634 1.Ehe 2.11.1574 Anna, Margaretha Schmid, *ca. 1555, +28.11.1634, lebte als Wittwe in Brucken. Ist inGutenberg, begraben 9 Kinder Beleg Otto
1) Veltin Jr. II * ca. 1554 +nach 1620 vor 1634 2. Ehe 27.10.1607 Catharina Sie hatten 5 Kinder a./ b./ c./ d / e
348 archion
3) Margaretha ? geb, getauft , verst am 13.11.1559 getauft mit den Eltern .Beleg 2
4) Jörg,* ca. 1560,+1571. Am10.10.1561 mit Georg getauft
5) Georg geboren, getauft und gestorben am 10.10.1561 Beleg 4
2) Ulrich 1 * 1556 Brucken, +27.2.1636 Brucken oo am 17.11.1590 Anna Hermann Brucken Ehebuch I S 676 Diepold Hermann´s Tochter sie hatten 6 Kinder
Beleg 30 332 archion Bd. 3
Hauptlinie
1.1 Hans 2 *14.7.1578 +15.8.1635 oo 1.12.1596 Anna,Barbara Thomma *ca.1578 + 9.2.1635 T.B. Owen 768 Zwillingsbruder zu Waltburga
a. Johannes * 26.3.1609, + --- T.P. Melichor Maurit,EidenbachPastor. Barbara, Jung Georg(Fürstverwalter? Beleg 6 252 archion
Nebenlinie 1 siehe Blatt 9

Knoten 3

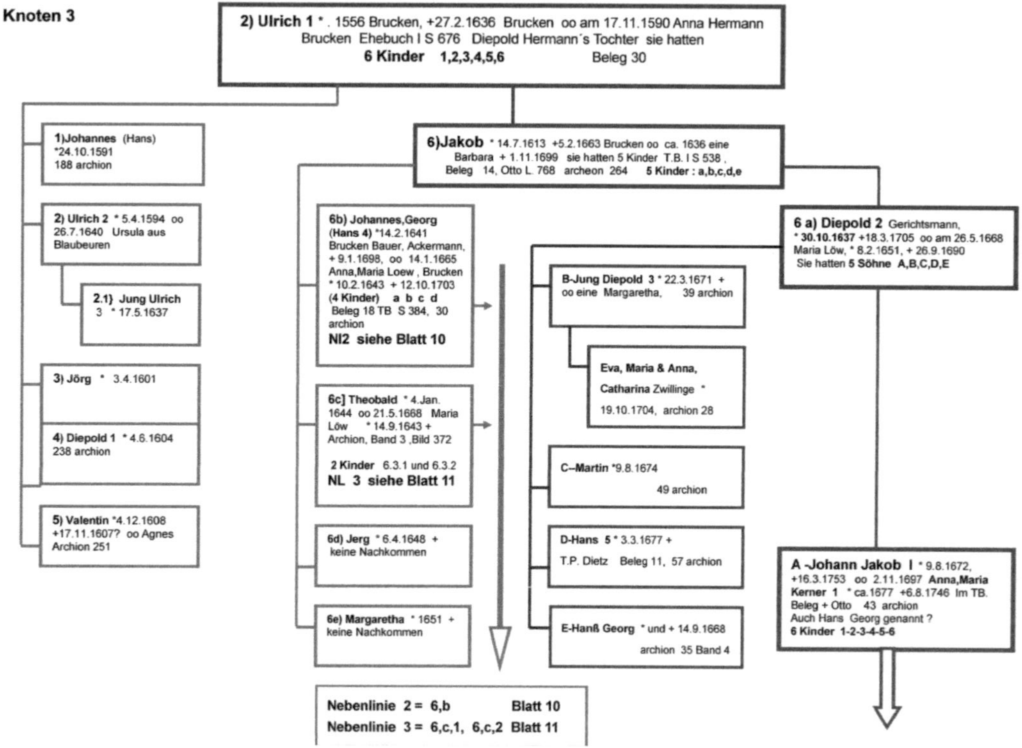
2) Ulrich 1 * . 1556 Brucken, +27.2.1636 Brucken oo am 17.11.1590 Anna Hermann Brucken Ehebuch I S 676 Diepold Hermann´s Tochter sie hatten 6 Kinder 1,2,3,4,5,6 Beleg 30
1)Johannes (Hans) *24.10.1591 188 archion
2) Ulrich 2 * 5.4.1594 oo 26.7.1640 Ursula aus Blaubeuren
2.1} Jung Ulrich 3 * 17.5.1637
3) Jörg * 3.4.1601
4) Diepold 1 * 4.6.1604 238 archion
5) Valentin *4.12.1608 +17.11.1607? oo Agnes Archion 251
6)Jakob * 14.7.1613 +5.2.1663 Brucken oo ca. 1636 eine Barbara + 1.11.1699 sie hatten 5 Kinder T.B. I S 538 , Beleg 14, Otto L. 768 archeon 264 5 Kinder : a,b,c,d,e
6b) Johannes,Georg (Hans 4) *14.2.1641 Brucken Bauer, Ackermann, + 9.1.1698, oo 14.1.1665 Anna,Maria Loew , Brucken * 10.2.1643 + 12.10.1703 (4 Kinder) a b c d Beleg 18 TB S 384, 30 archion
Nl2 siehe Blatt 10
6c] Theobald * 4.Jan. 1644 oo 21.5.1668 Maria Löw * 14.9.1643 + Archion, Band 3 ,Bild 372
2 Kinder 6.3.1 und 6.3.2
NL 3 siehe Blatt 11
6d) Jerg * 6.4.1648 + keine Nachkommen
6e) Margaretha * 1651 + keine Nachkommen
Nebenlinie 2 = 6,b Blatt 10
Nebenlinie 3 = 6,c,1, 6,c,2 Blatt 11
6 a) Diepold 2 Gerichtsmann, * 30.10.1637 +18.3.1705 oo am 26.5.1668 Maria Löw, * 8.2.1651, + 26.9.1690 Sie hatten 5 Söhne A,B,C,D,E
B-Jung Diepold 3 * 22.3.1671 + oo eine Margaretha, 39 archion
Eva, Maria & Anna, Catharina Zwillinge * 19.10.1704, archion 28
C--Martin *9.8.1674 49 archion
D-Hans 5 * 3.3.1677 + T.P. Dietz Beleg 11, 57 archion
E-Hanß Georg * und + 14.9.1668 archion 35 Band 4
A -Johann Jakob I * 9.8.1672, +16.3.1753 oo 2.11.1697 Anna,Maria Kerner 1 * ca.1677 +6.8.1746 Im TB. Beleg + Otto 43 archion Auch Hans Georg genannt ? 6 Kinder 1-2-3-4-5-6

Knoten 4

A- Johann Jakob I * 9.8.1672, +16.3.1753 oo 2.11.1697 **Anna,Maria Kerner 1** * ca.1677 +6.8.1746 Im TB., Beleg + Otto 43 archion
Auch Hans Georg genannt ? , **6 Kinder 1-2-3-4-5-6**

1-Johann Conrad *19.5.1711 Brucken , +13.8.1758 oo am 11. 8.1731 in Beuren Maria Agnes Kottler * 21.10.1707 Brucken,+ 16.1.1768 **(2Kinder) a / b**
Maria, Agnes heiratet in 2. Ehe Christoph Nufer von Beuren archion 62 Band 5

a) Johann Georg I * 22.11.1734
+ 5.5.1799. Brucken Schultheiss von 1764-1798 und geistliche Verwaltung in Brucken (19 Jahre) oo 16.10.1755 Afra Haas (Tochter Müllers / Brucken) * 4.9.1735 + 12.5.1799 Böhringen Taufpaten von J.Georg waren Hans Georg Kottler u. Barbara Löw

b) Hans Jakob * **25.9.1736** (31.10.1739)
Brucken + 16.12.1805 Talheimoo Katrin Treibner * 1733 Plauen Vogtland (Sächsler) + 1790 Talheim Siehe Otto Nr 48
Nur 1 Sohn ?? Johann,MartinSiehe auch
Nebenlinie 1.1 Talheimer Linie

2-Johann, Jakob II
* 22.2.1708 + **Nebenlinie 4** **archion 45**

1.Ehe oo 29.1.1735
Anna, Catharina **Holp** *17.2. 1714
+ 4.12.1744
6 Kinder Beleg 15

1) Johann, Jakob III (Glaser} * 14.10.1735 + + oo 10.6.1760 in Owen Eva Ehni *21.10.1739 in Gutenberg
Eltern von Eva Ehni Johann, Ulrich Ehni und Anna, Maria Glasen
Beleg 15 Blatt 3

1.1) Johann, Jakob V * 13.3.1761 + 16.3.1761
1.2) Magdalena, Catharina * 20.5.1762 +1.2.1820 , oo 23.7.1782 Christoph Adam * 3.8.1759 haben **3 Kinder**

1.3) Jakob *17.12.1764, + Dez 1764
1.4) Johann,Jakob VI * 2.5.1766 +
1.5) Johannes * 7.7.1768
1.6) Anna,Maria * 12.9.1770 +
1.7)Anna,Regina *18.3.1773 oo 2.1.1789 Johannes Rabel (Vormund von Johann, Georg III

2) Anna, Barbara * 24.9,173 6+
3) Hanß, Michael *Okt. 1737 +
4) Gottfried * 13.10.1739 +
5) Johann, Adam * 17.11.1741 +
oo Christina Werz (1Tochter Anna Maria * 24.3.1783 +16.2.1847
oo Johann Scheu
6) Maria,Dorothea *14.7.1743 +

2. Ehe oo 1745
Elisabeth, Margaretha **Rindtel** * +
6 Kinder Beleg 15 und 20

a) Johannes * 7.11.1745 +
b) Anna, Maria * 26.12.1746 +
c) Johann. Jakob IV * Aug.1748 +
d) Elisabeth, Margaretha + * 9.7.1750 +
e) Agatha * 31.10.1752 +
f) Johann, Martin * 18.8.1754 +

3-Johann, Georg
*24.8.1702
+ 30.4.1727 archion 20

4-Maria, Dorothea
* **4.5.1704**

5-Anna, Maria
***9.3.1706** archion 34

6-Johann, Wilhelm
* **26.5.1710**

- 3.3.

Knoten 5

b) Hans Jakob * **25.9.1736** (31.10.1739) Brucken
+ 16.12.1805 Talheim üo Katrin Treibner * 1733 Plauen Vogtland
(Sächsler) + 1790 **Talheim**

Johann, Martin 1 Bierbrauer * 25.3.1775 + 26.2.1841 Talheim oo 30.1.1798
Christine Barbara Freihofer * 31.7.1774, + 17.2.1846 Talheim
9 Kinder

1) Georg Michael *20.1.1812 +20.6.1884 oo 1.11.1840
Christine Friedericke, Augusta Wellner * 16.2.1820
+ 16.3.1889 Sie hatten 1 Sohn Wilhelm Adolf

2) Johanna
3) Christian, Friedrich
4) Andreas *1801 +1867 2 Ehen
5) Catharina
6) Johann Carl
7) Friederike, Elisabethe
8) Caspar, Ludwig *16.10.1809 Verschollen

9) Johann,Perter, Uhrmacher
&Landwirt, Hirschwirt in Lauffen.a/N
*27.11.1815 Thalheim.. + 16.6.1879
Laufen. oo 22.10.1839 Elisabeth,
Christine Mylius, * 24.6.1815,
+31.3.1898 Sie hatten **15 Kinder**

1.1) Wilhelm Adolf
Uhrmacher
*14.9.1846
+ 7.5.1910.
oo 21.7.1870
Luise,Wilhelmine
Lenz *20.11.1849
+ 5.12.1925

9 Kinder a - f

a) Lina *1871,+ 1871
b) Emilie * 1872 oo Johannes Eppler
c) Albert *1876 oo Elsa Imendörfer
d) Lina *1878 oo Hermann Kraft
e) Eugen *1881 oo Helen le Roy
f) Anna,Lydia * 1883 oo Franz Selg
g } Hermann *1886 oo Gerda Authenrieth
h) Margarethe *1887 oo Gottlob Metzger
i) Adolf,Wilhelm * 1890 + 1890

a) Johann Georg I * 22.11.1734 + 5.5.1799. Brucken Schultheiss von 1764-1798 und geistliche Verwaltung in Brucken (19 Jahre) oo 16.10.1755 Afra Haas (Tochter Müllers / Brucken) * 4.9.1735 + 12.5.1799 Böhringen
Taufpaten von J.Georg waren Hans Georg Kottler u. Barbara Löw

Afra * 1760 Brucken, + 1831 Böhringen oo Jakob, Johann Bächle 1780 in Böhringen, Heiligenpfleger , * 1755, *1805, Vetter zu M. Loser

1 Rosina * 1782, + 1811 00 1803,
oo
Johannes Schilling * 1779, +1849
2 Maria, Agnes 2 * 1784, + 1801
3 Georg Friedrich Jakob * 1792 +1813

Maria, Agnes 1* 1762 Brucken, + 1844 in Böhringen, oo 1783 Michael Loser, Bauer und Richter, * 1764, + 1850

a Rosina* 1785, + 1852,
oo 1805 Jakob Rieck * 1778, + 1839
b Adam *1788, + ---- inTischard,
c Johann Georg 3 * 1790, + 1882
d Afra Maria Agnes * 1795, + 1813
e Maria, Margaretha, *1801, + 1854
oo 1824 Martin Feucht, *1800, +1876

Johann Georg II Bauer * 1.2.1767
in Brucken , + 13.2.1808 Böhringen
oo am 10.2.1792 Anna Juditha Ehni aus Gutenberg, * 1770, + 20.5.1820
Johann Georg war Krank. Scheidung 8.12.1803. Er wohnt ab Feb.1804 bei den Schwestern in Böhringen, stirbt unerwartet am 13.2.1808 in Böhringen und wird dort begraben **(T)**

Johann Georg II hatte einen Knecht Johann Bolzer und eine Dienstmagd Anna Krieg, * -----, + 18.12.1862
Anna Krieg ist die Mutter von Joh. Martin

Johann Martin Ensinger unehelich, geboren, getauft 5.2.1804 in Beure + 27.11. 1885. **1.Ehe** 24.1.1832 mit Agnes Magdalena Pfender aus Beuren. *----, + 3.12.1847 haben 7 Kinder

2. Ehe von Johann Martin mit A .C. Wilhelmine Doernacher am 23.11.1848. * 22.10.1812 + 20.11.1862 Sie haben 1 Sohn Johann Martin Jr. * 11.11.1849, + 9.5.1922 in Beuren.

Johann Georg III Bauer und Kaufmann,
* 27.4.1801 in Brucken, + 22.4.1854 Tübingen

Lebt ab Dez. 1803 bei seiner Mutter in Owen, die in 2.Ehe den Zimmermann Friedrich Scheu heiratete
Wurde Bürger von Owen. Lernte Kaufmann, übersiedelte nach Böhringen. oo am 16.11.1824 Anna, Maria, Carolina Schilling aus Böhringen * 1804, + 18.5.1865 sie hatten 12 Kinder

Michael * 2.2.1804 Owen + 14.2. 1808
Owen mit 4 Jahren.

Knoten 6

Johann Georg III Bauer und Kaufmann, * 27.4.1801 in Brucken, + 22.4.1854 Tübingen

Maria, Elisabeth Bächle aus Donnstetten hatte mit Johann, Georg III einen Sohn Johannes * 1827

Lorenz August I, *17.8.1839 + 27.8.1904 Böhringen oo am 12. 4.1864 Maria, Katherina Bösch *11.5.1841 + 24.12.1909 sie hatten **10 Kinder**

Carolina * 18.1.1827, + 1884, 1.Ehe 1857 Fritz. Habisreutinger, Landjäger, haben 1 Tochter Marie
2. Ehe 1867 mit Jakob David Schilling genannt „der Müller Schilling". Er war Grossbauer und hatte 4 – 6 Pferde

Eva Maria Christiane *16.11.1836 + Dez.1883 ? in Urach oo den Färber Greiner aus Urach Sie hatten eine Tochter Nannele, diese wurde nur 3 – 4 Jahre alt

Johannes Bächle * 1827 war Schuhmacher

Georg, Ludwig * 29.10.1833, + 3.10.1914 Lui Vetter genannt. Kaufmann oo Rosina Höslin * 1837, + 1918 Ein Kind nach 6 Monaten gestorben

Gustav * 21.7.1832 +1866 inLocle, Neuchatel, CH ledig

Jüngster Bruder, taubstumm, + ---- - in Urach im Bruderhaus

Albert, * 1826, + wurde 1848 in Sachsen vom Blitz erschlagen Gustav * 21.7.1832 +

1) Johann, Georg IV * 27.9.1864 Böhringen , + 1936 . oo 29.8.1889 Babette Bögel *1866, + 1936 aus Mehrstetten Johann Georg IV war Lehrer.

1.1) **Ludwig** * 4.7.1890,
1.2) **Paul** * 1891 (Beide im Krieg 1918 gefallen)
1.3) . **Else** * 1893 war verheiratet mit: Schefold, Gustav * 1896,,
1.4) **Fanny**- Tochter wurde nur 8 Tage alt. Sie ist in Zizishausen bei Nürtingen, begraben
1.5) **Otto** * 1899 Pfarrer, + in Ulm begraben.
1.6) **Max** * 1902 oo 1941 eine Martha, deren Tochter ist Elisabet * 1943 verheiratete Jentsch

2) Friedrich * 1865 + 6.7.1943 Bauer oo 1892 Margarete Loser * 1864 + + 1939 , sie hatten keine Kinder

3) Lorenz August II * 9.3.1873 Böhringen, + 28.2.1958 Nellingen a..F Schuhmachermeister, oo am 4.4.1899 Marie MagdalenaMauz * 10.9.1874 +16.11.1941 Nellingen a.F. sie hatten **8 Kinder**

4) Anna Maria * 1868 +----, lebte in Möhringen
4.1) Karoline
4.1.1) Erna 4.1.2)Klara

6) Karolina aus Dottingen oo einen Manz
6.1) Rösle aus Dapfen
6.2) Käthe oo den Mack aus Nellingen a.F.

7) Gottliebin * 1877 +.....lebte in Pfullingen

8) Katharina * 1879 oo in 1. Ehe Adam Müller Als Witwe nach Neuffen 2.Ehe -----?
8.1) Rösle oo Jakob Gentner Maler und Feldschütz aus Neuffen
8.1.1) Gretel oo Wittwer Karl Günther Möhringen

5) Rosina * 1869 + --- lebte in Stuttgart

5.1) Ludwig, August
5.2) Friedrich
5.3) Sofie
5.4) Klara
5.5) Elsa oo Karl Günther Möhringen
5.5.1) Wolfgang Günther Architekt

9) Eine **Julie** starb mit 5 Jahren
10) Ein **Jakob** starb mit 3 Jahren

Knoten 7

3) Lorenz August II * 9.3.1873 Böhringen, + 28.2.1958 Nellingen a.F.
Schuhmachermeister,

1) Ludwig * 23.1.1901 + -----
00 ----- Bertha Krieg * 14.4.1903 + ---
4 Kinder

1.1) Bertha Jr. * 11.6.1929 **1.2) Ludwig Jr.** * 7.2.1931 * 26.1.2015
1.3) Roland *28.7.**1938** **1.4) Marianne** * 19.1.1944

2) Marie * 16.2.1902 ,+ -----
oo Emil Strasser * 3.4.1903, +1953

2.1) Erwin * + **2.2) Albert** * 1.12.1929 +
2.3) Else * 22.6.1931 **2.4) Walter** * 26.3.1942 + 2013

3) Gottlob * 31.12.1903, + -----
oo Pauline * 18.1.1912 + -----

3.1) Dieter * 12.2.1936
3.2) * **Siegfried** * 6.7.1945 + 29.10.2015

4) Anna * 10.6.1909 + -----
oo Fritz Deuble * 31.12.1907

4.1) Helga *18.9.1941

5) Luise * 9.4.1908 + -----
oo Emil Münzenmaier * 4.1.1896 + ---

5.1) Günter * 13.8.1935 **5.2) Doris** * +
5.3) Gretel * 25.8.1948

6) Hermann * 30.3.1911 + -----
oo Anna Strauß *30.4.1907, + ---(T)

6.1) Heidi * 1.11.1940 **6.2) Gertrud** * 11.2.1943

7) Elsa * 6.12.1919, + ----
oo Gustav Schmidt * 17.2.1903, + ----

7.1) Gerda * 28.10.1942 **7.2) Heinz** * 15.3.1945
7.3) Helga * 4.10.1946 **7.4) Inge** * 21.4.1948
7.5) Marianne * 16.7.1949

8) August, Lorenz Obermeister
* 8.2.1905 Nellingen,+ 6.3.1990 Nufringen

8.1) Werner A. H. , *13.5.1932. **8.2) Waltraud, Klara** * 8.11.1934
8.3) Wilfried, Gerhard * 19.5.1936

Werner, A., H .oo 3.5.1957 Magda,
Maria geb .Kögler * 7.7.1935

Enkel von Lorenz August II

1.1.1) Norbert **1.1.2) Armin**
1.3.1) **1.3.2)**
1.4.1) **1.4.1)**
2.2.1.) **2.2.2)**
2.3.1) Peter **2.3.2)**
2.4.1)
3.1.1) **3.1.2)**
3.2.1) Frank **3.2.2) Tanja**
4.1.1)
5.1.1)
5.2.1)
5.3.1)
6.1.1) **6.1.2)**
6.2.1)
7.1.1)
7.2.1)
7.3.1) **7.3.2)**
7.4.1) **7.4.2)**
7.5.1)

Knoten 8

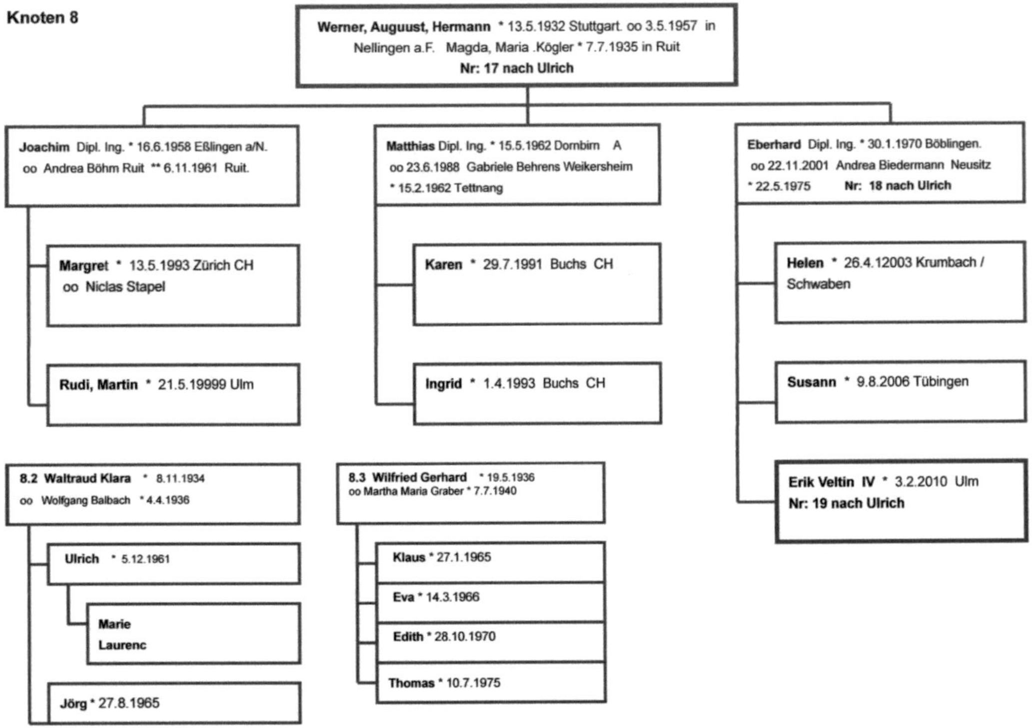

Werner, Auguust, Hermann * 13.5.1932 Stuttgart. oo 3.5.1957 in Nellingen a.F. Magda, Maria .Kögler * 7.7.1935 in Ruit
Nr: 17 nach Ulrich
Joachim Dipl. Ing. * 16.6.1958 Eßlingen a/N. oo Andrea Böhm Ruit ** 6.11.1961 Ruit.
Margret * 13.5.1993 Zürich CH oo Niclas Stapel
Rudi, Martin * 21.5.19999 Ulm
Matthias Dipl. Ing. * 15.5.1962 Dornbirn A oo 23.6.1988 Gabriele Behrens Weikersheim * 15.2.1962 Tettnang
Karen * 29.7.1991 Buchs CH
Ingrid * 1.4.1993 Buchs CH
Eberhard Dipl. Ing. * 30.1.1970 Böblingen. oo 22.11.2001 Andrea Biedermann Neusitz * 22.5.1975 Nr: 18 nach Ulrich
Helen * 26.4.12003 Krumbach / Schwaben
Susann * 9.8.2006 Tübingen
Erik Veltin IV * 3.2.2010 Ulm
Nr: 19 nach Ulrich
8.2 Waltraud Klara * 8.11.1934 oo Wolfgang Balbach * 4.4.1936
Ulrich * 5.12.1961
Marie Laurenc
Jörg * 27.8.1965
8.3 Wilfried Gerhard * 19.5.1936 oo Martha Maria Graber * 7.7.1940
Klaus * 27.1.1965
Eva * 14.3.1966
Edith * 28.10.1970
Thomas * 10.7.1975

Ne

1 Vetin Jr. II 1. Ehe 2.11.1574

1.1 Hans 2 *14.7.1578 +15.8.1635 oo 1.12.1596 Anna,Barbara Thomma *ca.1578 + 9.2.1635
T.B. Owen 768 Zwillingsbruder zu Waltburga

1.2 Waltburga Zwillingschwester bei
Geburt gestorben Beleg 13

1.3).Barbara + 29.1.1576 +ca 1621
oo 6.5.1600, Hans Thomma sie haben
3 Kinder anna * 27.5.1601 Agnes
* 30.9.1603 Barbara *11.10.1605
archion 81

1.4 Valentin /a * + 6.9.1579 geboren,
getauft, verstorbe 126 archion

1.5. Valentin /b * 2.7.1581 oo in 1. Ehe
Margaretha Schmid, 137 archion

1.6. Agnes 1 * 20.8.1587 170 archion

1.7) Margaretha * 29.4.1601 T.P.Hanß
Schmid, Friedmarch der Iller **Ferdinand**
Duppen x Margaretha. **Beleg 8. 230 archion**

1.8. Valentin /c * 19.10.1602 + 234 archio
???ein Valentin und eine Katharina haben
einen Sohn Valentin * 8.3.1621 ?Eltern?
Beleg 3 285 archion

1.9. Anna * 11.12.1608, + ---- TP Hanß
Schmid Fridmarch, Conrad Duppen
Beleg 9 archion 251

1.1/1- Hans Jr. 3 * 22.12.1597 +25.7.1636 oo
9.11.1624 Maria Briegel (oder Striegel) * ca. 1605
+29.7.1635 Sie hatten **3 Kinder** TP. Martin -----,
Schultheiss, Anna, Jakob Durstens Witib Inf.458 /
Nr. 2536, (54) Beleg 5

1.1/1 a) Margaretha *28. 10.1630

1.1/1.b) Heinrich * 22.8.1633— Beleg B

1.1/1 c) Johannes * 26.11.1634
361 archion Beleg A

1.1/2 Anna * 11.1.1599, + ----- TB, lfd. Nr: 2633,
444 Taufpaten, Martin ----Schuldheiss und Anna,
Jakob Wittib 224 archion Beleg 7

1.1/3 Veltin III (Jung Veltin)von Brucken, *
17.11.1607 +5.4.1637 oo eine Agnes .
358 archion Beleg 10

1.1/3.a Sohn Ulrich * 17.5.1633
358 archion

1.1/4 Jakob * 18.12.1602 + 4.2.1603

1.1/5

1.1/6 Agnes * 10.10.1612

1 Veltin Jr: II 2. Ehe

a) Johannes * 26.3.1609, + --- T.P. Melichor
Maurit,EidenbachPastor. Barbara, Jung Georg
(Fürstverwalter? Beleg 6 252 archion

b}. Catharina II
* 26.3.1609 + Zwilling zu

c) . Agnes 2 * 8.2.1611, + ---- TP Joan ----- Maur --
---. Bydabach, und Walpurga Georg Liab.
257 archion Beleg 1

d) Ursula * 3.2.1618 ------ Beleg 1/1

e) Valentin * 8.3.1621 285 archion

Nebenlinie 2

6.b.) Johannes,Georg (Hans 4) *14.2.1641 Brucken Bauer, Ackermann, + 9.1.1698, oo 14.1.1665 Anna,Maria Loew , Brucken * 10.2.1643 + 12.10.1703
(5Kinder) a b c d e
Beleg 18 TB S 384 archion 366

6.b.a} Johann,Georg 1 auch Hans,Jörg genannt * 1.4.1674 Brucken+ 26.4.1727 zwischen Ameg und Gerhausen, oo in Seißen am 16.5.1699 Magdalena Dussler *17.2.1675 +13.5.1746 sie hatten **10 Kinder**
Beleg 19 Otto Liste Nr 384
(Hans Georg) archion 48

6.b.b} Anna,Barbara * 30.9.1665 + 1.1.1743 oo 6.10.1685 Martin Luickert
30 archion

6.b.c} Margaretha * 15.12.1679 + oo 22.6.1701 Johannes Klienecker
4 Kinder Beleg 18/1

6.b.e) Juditha *16.7.1684
T.P. Konrad Schneider, Anna.
Archion 80

6.b.d} Johann,Jakob (Hans , Jakob) * 15.6.1672 +
oo 25.8.1696 Anna Munk **10 Kinder**
Beleg 22 42 archion

6.b.a.1} Johann, Georg 2 * 15.2.1700 + oo Am 25.11.1721 Maria, Barbara * 31.8.1700
11 Kinder
Beleg 19/.1

a.2} Catharina,Magdalena*1.4.1702 19

a.3) Sophia,Elisabeth * 18.12.1703 25
archion 19 + 25

a.4} Johann,Jakob VII *25.4.1705 Bel16-1
1.Ehe mit Anna ,Magdalena **3 Kinder**

2. Ehe mit Magdalena, Catharina **13 Kinder**

a.5) Johannes *18.2.1707, oo 27.1.1728 Justina, Magdalena Glöckler

a.6) Maria, Sophia * 6.6.1709

a.7) Gottlieb * 25.6.1710, oo Barbara sie haben Sohn Hans, Jakob * 31.10.1739

a.8) Christoph * 16.3.1713

a.9) Juliana * 21.6.1714

a.10 Maria, Sophia *18.3.1717

1) Hans, Jerg * 27.10.1722
auch Johann, Georg genannt
oo Febr. 1755 eine Maria, Barbara

2) Johann, Conrad *2.9.1724

3) Jakob * 7.9.1725

4) Johann, Adam * 29.7.1728

5) Barbara Luli 1730

6) Afra * 29.11.1731

7) Johannes * Dez. 1733

8) Jerg * Aug. 1735

9) Anna, Regina * Nov. 1736

10) Christoph, Adam * 27.5.1739

11) Anna Maria * 11.7.1741

d.1) Anna,Barbara * 14.5.1697 archion 107

d.2) Johann,Georg * 1.2.1699 archion 9 Bd 5

d.3) Johann,Georg * 19.2.1704

d.4) Johann,Georg * 13.10.1706

d.5} Johannes * 13.10.1708

d.6} Johann,Michael * 5.12.1710

d.7} Hans,Michel * 11.4.1712

d.8} Johann,Ulrich * 29.1.1714

d.9} Hanss,Conrad * 15.2.1716

d.10} Johann,Adam * 29.1.1719

Nebenlinie 3

6.c Theobald * 4.Jan. 1644
oo 21.5.1668 Maria Löw *14.9.1643 **2 Kinder** Archion, Band 3 ,Bild 372

6.c.1) Johann Johannes Georg * 3.3.1677
oo 31.5.1707 Anna,Maria Klienecker
6 Kinder
Beleg 15

6.c.2) Johann,Jakob * +
oo Anna,Maria Kerner **2 (AMK 2)** * 20.12.1678
Brucken **9 Kinder** Beleg 17

6.c.1.a Johann,Georg * 24.8.1702 +30.4.1727

6.c.1.b Maria,Dorothea * 4.5.1704

6.c.1.c Anna,Maria * 9.3.1706

6.c.1.d Johann,Jakob * + 22.2.1708
45 archion

6.c.1.e. Johann,Wilhelm * 26.5.1710

6.c.1.f Johann,Conrad * 19.5.1711
+13.8.1758 oo 11.8.1731 Maria,Agnes Kottler

6.c.2.1} Helena,Barbara 14.3.1728
6.c.2.2} Hanss,Jakob Maerz 1727
6.c.2.3} Anna,Maria 10.8.1728
6.c.2.4} Anna 19.9.1729
6.c.2.5} Helena,Barbara 17.2.1730
6.c.2.6} Anna,Barbara 28.5.1733
6.c.2.7}Johann,Conrad 29.1.1736
6.c.2.8} Hans-,Jerg 25.5.1738

6.c.2.9} Johannes 4.4.1745

Direkte Nachfahren (Hauptlinie) Ulrich bis Erik-Velin IV

Ulrich von Ensingen (Ensinger * 1350 Oberensingen, + 10.2.1419 Strassburg 1.Ehe oo ca. 1383 mit –N.N. * ca. 1359-1364, + ca 1395 (Schwester v. Heinrich v. Gmünd?)	2.Ehe ca. 1396 mit Glaser *1371 in Esslingen, + 14.8.1418 in Straßburg (Vater Hans Glaser, Zunftmeister, + ca. 1390) Hatte er Ulrichs Mutter geheiratet ?
Matthäus I * 1390 -+ 1463 1.Ehe ca. 1415 eine Unbekannte aus Bern, * ca.1395, + 1430 - 1431 (Im Kindbett Moritz I ?)	Matthäus I 2. Ehe ca. 1431 mit Dorothea Trogen (genannt Ensingerin).* 1400 in Bern +1484 Bern Sie hatten nur 1 Sohn Matthäus II Ab 1451 lebten sie getrennt.
Matthäus II *1432 +ca 1480 oo eine Unbekannte aus Bern. Er arbeitete 1462 in Bern.	
Matthäus III, *1470, + 1536 oo ca 1490 Barbara Strölin (Stralin?)aus Ulm*.1465 Ulm, + 17.6.1536 Bern wohnten 1494 in Bern Junkerngasse	
Hans 1 wen er heiratete ist noch nicht bekannt. Er Arbeitete 1506 – 1509 und 1533 in Nürtingen an der Laurentiuskirche Zunft-zeichen ist am Gasthof Adler in Oberensingen	
Veltin I (Valentin) * 1530 Owen +17.11.1590 Brucken, oo 1556 eine Agnes * ca.1532 Sie hatten 5 Kinder	Nr 1 Veltin II * 1554 Nebenlinie 1 **Nr. 2 Ulrich 1 * 1556 HL** bis zu **Erik-Veltin (IV) 2010**
2) Ulrich 1 * . 1556 Brucken, +27.2.1636 Brucken oo am 17.11.1590 Anna Hermann Brucken Ehebuch I S 676 Diepold Hermann´s Tochter sie hatten **6 Kinder 1,2,3,4,5,6** Beleg 30	**Nr. 6 Jakob * 14.7.1613 HL**
6) Jakob * 14.7.1613 +5.2.1663 Brucken oo ca. 1636 eine Barbara T.B. I S 538 (sie haben **5 Kinder) a,b,c,d,e,** Beleg 14	**a-Diepold 2 HL** Abzweig zu Nebenlinien 2 und 3
a- Diepold 2 Gerichtsmann, * ca.1634 ???>>> + 18.3.1705 oo am 26.5.1668 Maria Löw, * ----, + 26.9.1690 **5 Söhne A,B,C,D,E**	**A- Johann, Jakob I HL** Abzweig zu Johann Jakob II Nebenlinien
A- Johann Jakob I * 9.8.1672, +16.3.1753 oo am 2.11.1697 Anna,Maria Kerner **1** * ca.1677 +6.8.1746 Im TB Beleg 15 **Sie hatten 6 Kinder 1,2,3,4,5,6**	**1-Johann, Conrad HL**
1- Johann Conrad *19.5.1711 Brucken , +13.8.1758 oo am 11. 8.1731 in Beuren Maria Agnes Kottler * 21.10.1707 Brucken,+ 16.1.1768 Sie hatten **2 Kinder a, b**	**a) Johann, Georg I HL** Abzweig zu Nebenlinie 1.1 b) Hans Jakob**Talheimer Linie**
a- Johann Georg I * 22.11.1734 + 5.5.1799. Brucken Schultheiss von 1764-1798 und geistliche Verwaltung in Brucken (19 Jahre) oo 16.10.1755 Afra Haas (Tochter Müllers / Brucken)* 4.9.1735 + 12.5.1799 Böhringen Taufpaten von J.Georg waren Hans Georg Kottler u. Barbara Löw	Sie hatte 9 Kinder 3 Kinder überlebten

Johann Georg II Bauer oo am 10.2.1792 Anna Juditha Ehni aus Gutenberg, * 1770, + 20.5.1820 Johann Georg war Krank. Scheidung 8.12.1803. Er wohnt ab Feb.1804 bei den Schwestern in Böhringen, stirbt unerwartet am 13.2.1808 in Böhringen und wird dort begraben (T)	Sie hatten 2 Kinder Georg II hatte noch 1 uneheliches Kind
Johann Georg III Bauer und Kaufmann, Lebt ab Dez. 1803 bei seiner Mutter in Owen, Wurde Bürger von Owen. Lernte Kaufmann, übersiedelte nach Böhringen. oo am 16.11.1824 Anna, Maria, Carolina Schilling aus Böhringen * 1804, + 18.5.1865	sie hatten 12 Kinder
Lorenz August I *17.8.1839,+27.8.1904 Böhringen oo am 12.4.1864 Maria, Katherina Bösch *11.5.1841 + 24.12.1909	Sie hatten 8 KInder
Lorenz, August II Schuhmachermeister +9.3.1873 in Böhringen, + 28.2.1958 in Nellingen a.d.F, oo am 4.4.1899 Marie Magdalena Mauz *10.9.1874 +16.11.1941 Nellingen a.d.F	Sie hatten 8 Kinder
August Lorenz Obermeister * 8.2.1905, +6.3.1990 Nufringen. oo am 17.10.1931 Elsa Mina geb. Kleinknecht * 2.12.1909 in Berkheim + 29.12.2001 Gärtringen	Sie hatten 3 Kinder
Werner August Hermann * 13.5.1932 Stg. oo am 3.5.1957 Magda Maria Kögler * 7.7.1935, Ruit	Sie haben 3 Kinder
Eberhard Dipl. Ing.* 30.1.1970 Böblingen oo 22.11.2001 Andrea Biedermann, Neusitz * 22.5.1975	Sie haben 3 Kinder
Erik Veltin IV * 3.2.2010 in Ulm	

Ulmer Münster

Die Vollendung des Münsterturmes
ULM 31. Mai 1890

Am 31. Mai 1890, abends 6 Uhr, ist in einem feierlichen Akt der Schlussstein des Hauptturmes gesetzt worden, womit das bedeutendste Werk Ulms im 19. Jahrhundert seinen krönenden Abschluss gefunden hat.

Der gestrige Tag, der 31.Mai 2015, ist für Ulm ein Tag von kulturhistorischer Bedeutung. Um 6 Uhr abends verkündeten die Münsterglocken, dass der Schlussstein des Hauptturmes aufgesetzt wurde. Um ¼ 7 Uhr erhob sich zwischen dem deutschen, bayrischen, württembergischen und ulmischen Banner die 10 m hohe Aufrichttanne auf der obersten Plattform des Gerüstes zum Zeichen, dass der Augenblick der Vollendung des größten Domes in deutschen Landen gekommen sei. Es wird der Choral „Nun danket alle Gott" vom Münster geblasen.
Die grosse Menschenmasse, welche sich auf dem beflaggten Münsterplatze eingefunden hatte, hörte den Choral tief bewegt an; und als gutes Zeichen für das Gelingen des Münsterfestes und die Zukunft des Domes hat es gewiss jeder Zeuge des feierlichen Aktes genommen, dass die Sonne, nachdem es den Tag über geregnet hatte, gerade jetzt den Wolkenschleier durchbrach und fortan den herrlichen Bau golden überstrahlte.

Die Mitglieder des Münsterbaukomitees, des Stiftungsrates, der städtischen Kollegien und andere Personen hatten sich auf den Turm begeben, um der feierlichen Handlung der Schlusssteinlegung mit anzuwohnen. Nachdem die Urkunde in den vorletzten Stein versenkt und der Schlussstein aufgesetzt war, sprach Stadtpfarrer Ernst in gebundener Rede einen weihevollen, frommen Segen über den Bau. Professor Beyer gedachte der Vollendung des Werkes und brachte das erste Hoch auf dessen Allerhöchsten Förderer Protektor, S. Maj. den König Karl aus. Stadtpfarrer Pfleiderer brachte auf den Meister und die Werkleute des Baues das zweite Hoch aus, das mit den Worten schloss: Ehre und Anerkennung allen Werkleuten und Gehilfen, dem ganzen Arbeitspersonal, das an dem Bau gearbeitet! Ruhm, unsterblicher Ruhm dem großen Meister!

Auszug aus: „Das Ulmer Münster in Vergangenheit und Gegenwart“, Anton H. Konrad Verlag.

Münsterturmjubiläum ULM 31. Mai 2015

An diesem Sonntag wurde derer gedacht, die *den einmaligen höchsten Kirchturm der Welt vor 125 Jahre* fertiggestellt hatten. Das Ulmer Münster. Ein grandioses Bauwerk mit einer Höhe von 161,53 m . Das Festprogramm war dem Anlass entsprechend wohlgestaltet und in der Ausführung gelungen. Ein würdiger Rahmen in dem fast vollbesetzten Münster.

„Jauchzet dem Herrn alle Welt"
Treffender hätte dieser Gottesdienst nicht beginnen können, als mit diesem Lied. Der Einzug, Bischof mit Geistlichkeit und Oberbürgermeister wurde von Orgelklängen nach dem grossen Glockengeläute umrahmt.

Was für eine Anspannung bei den Anwesenden. Voller Ehrfurcht schauten viele in das Gewölbe des Münsters. Wollten sie mit den Orgelklängen in die Lüfte abheben? Eine Leichtigkeit und Freude wurde ausgestrahlt. Aber auch eine gewisse Anspannung in den Gesichtern war festzustellen.. Nur langsam löste sich auch in mir die Anspannung

Ich hatte mir vorgenommen, diesen Gottesdienst zu besuchen .Und bin froh, dass es mir mit meiner Familie gelungen ist. Es war für mich und meine Kinder und Enkel ein einmaliges Erlebnis..Schade, dass meine Frau nicht mit konnte. Schon beim Betreten des Münsters um 9 Uhr, wurden wir mit Musik empfangen. Ich war an-gespannt und voller Erwartung. Nach einigen Schritten wurde mir bewusst, dass ich die Stätte betrete, an der Generationen meiner Vorfahren von 1390 an wirkten. *Ulrich von Ensingen, Matthäus, Moritz und Matthias.*

In meinem Buch über die Kirchenbaumeister- *„Ulrich von Ensingen und seine Nachfahren“*-habe ich u. a. erwähnt, was der Ulrich wohl gegeben hätte in diesen Räumen diese dargebotene Musik zu hören und mitzuerleben. Sie haben den Grundstein, Mauern und Pfeiler, also das Fundament gelegt und eine gute Akustik geschaffen. Die monumentalen Säulen und Streben im Kirchenschiff mit Figuren bringen den Betrachter zum Staunen. Immer wieder geht der Blick zur Decke empor.
1890 wurde dann das vollendet was am 30. Juni 1377 mit der Grundsteinlegung mit Peter Parler als erstem Baumeister geplant war und Wirklichkeit wurde.

So saß ich nun mit meiner Familie in dem Münster. In Gedanken an meine Ahnen durchströmte mich die Musik und gab mir Kraft und Zuversicht für die Zukunft. Manche heimliche Träne wurde durch die Brille verdeckt. Was wohl meine Kinder und Enkel empfunden haben? Ich bin mir ziemlich sicher, dass dieses Ereignis in ihrem Herzen verankert ist. Vielleicht ergeht es ihnen ebenso wie mir damals, als ich mit meinem Vater vor ca. 80 Jahren das Ulmer Münster zum ersten Mal sah. Von meinen Vorfahren wusste ich damals allerdings noch nichts. Das Ulmer Münster soll erhalten und gepflegt werden, auch für weitere Generationen. Dies waren richtungsweisende Worte des Oberbürgermeisters.

Nach dem Psalm 100 „Jauchzet dem Herrn alle Welt“ und der Predigt des Landesbischofs July , sang die Gemeinde das Lied *„Nun danket alle Gott“*

Dieses Ereignis begossen wir anschließend in einer Gaststätte mit einem Glas Wein.

Werner A.H. Ensinger

Gedanken zum600 ten Todestag von Ulrich von Ensingen

Wie fühlt man sich, wenn an den Urahn erinnert wird? Wenn fremde Menschen zur Kirche gehen und auch an diesen genialen Baumeister denken? Ist es nicht eher eine traurige Geschichte? Seit Jahren beschäftige ich mich mit Ulrich und seinen Nachkommen. Sein Name und auch die seiner nachkommenden Kinder und Enkel, bis in die 5. Generation, sind mit den Kirchenbauten unmittelbar verbunden. Sie alle haben ein steinernes Zeugnis hinterlassen, das noch weitere Generationen beschäftigen wird. Und doch ist es auch eine Freude, festzustellen, dass viele Menschen zum Gottesdienst am 10. Februar 2019 in das Ulmer Münster gekommen sind.
Auch Bürger aus Oberensingen- Nürtingen, dem Geburtsort von Ulrich waren erschienen.

Nicht nur meine Familie sondern auch andere Zweige des Stammbaumes waren neben den Bürgern von Ulm vertreten. So war ich auf die Predigt des Dekan Ernst-Wilhelm Gohl gespannt. Nach dem Verklingen der Orgel breitete sich eine Ruhe aus. Und ich lauschte den Worten des Dekans. Er erinnerte an die Schaffenskraft Ulrichs, seine Vision, sein Können und seine Energie. So sagte der Dekan: „Wer diesen Raum betritt, fühlt wie er ein Teil einer Geschichte ist". Dekan Gohl hatte eine Predigt gehalten, wie es nicht treffender hätte sein können. Beim anschließenden Empfang mit Kaffee und Gebäck der Kinder aus der Schule „Ulrich von Ensingen" konnte das Erlebte aufgearbeitet werden. Der Lehrer Dietmar Raschke von dieser Schule hatte sich in ein Kostüm begeben und das Leben und Wirken Ulrich von Ensingen

lebendig dargestellt. Ich meinte hie und da, er liest aus meinem Büchlein vor. Sein freier Vortrag mit der anschließenden Führung im Münster wurde an diesem Tag zu einem Erlebnis für Alle. Es war eine vollkommene geschichtliche Darbietung. Für mich und meine Familie war es ein gelungener und ereignisreicher Tag, an dem wir auch bei einem Glas Wein an unseren Vorfahr und Ahnen Ulrich Ensinger dachten. Im Gebet in der Kirche wurde auch der Ahnen gedacht deren Nachkommen wir sind.
15.Februar 2019 Werner A. H. Ensinger

Dietmar Raschke von der „Ulrich von Ensingen"- Schule Ulm.

Weitere literarische Tätigkeiten von W. A.H. Ensinger
>mag.ensinger@t-online.de<